Klaus von Beyme
Vorbild Amerika?

Klaus von Beyme

Vorbild Amerika?

Der Einfluß der amerikanischen Demokratie in der Welt

Piper
München Zürich

ISBN 3-492-02992-2

Gesetzt aus der Times-Antiqua
Umschlag: Federico Luci
Gesamtherstellung: Clausen & Bosse, Leck
Printed in Germany

Dem Andenken Carl Joachim Friedrichs

Inhalt

Einleitung

Demokratie ist seit dem 19. Jahrhundert als die hervorstechendste Seite der amerikanischen Gesellschaft herausgestellt worden, von Bewunderern Amerikas zur Nachahmung empfohlen, von den Kritikern der USA als Inbegriff aller negativen Seiten der Modernisierung verketzert. Der Einfluß des amerikanischen Modells lag jedoch weniger in der Demokratie im modernen Sinn, mit allgemeinem Wahlrecht und umfassender Partizipation aller Bürger, als im Verfassungsstaat und den liberalen Prinzipien des Konstitutionalismus, mit Gewaltenteilung, »checks und balances« selbst innerhalb einzelner Gewalten (wie Zweikammerparlament), Föderalismus und dem Katalog garantierter Grundrechte[1]. Demokratie und konstitutionelle Regierung wurden in Amerika vielfach synonym verwendet, zu Unrecht. Die liberale Demokratie ist nach der kritischen Feststellung eines ihrer amerikanischen Theoretiker »ganz überwiegend liberal und nur in sehr geringem Maße demokratisch«[2].

Dic Vorbildrolle Amerikas lag vor allem in den Sicherungen, die gegen eine mögliche Tyrannei der Mehrheit angelegt worden sind. Die Spannung zwischen Liberalismus und Demokratie ist im amerikanischen Modell institutionalisiert worden. Darüberhinaus wurde der Demokratiebegriff auf weite Bereiche der Gesellschaft ausgedehnt, da eine institutionell orientierte Staatsrechtslehre nicht in gleichem Maße wie in Europa dominierte. Daher ist es kein Zufall, daß die erfahrungswissenschaftlich gestimmte Politikwissenschaft so rasch in Amerika Fuß faßte. Am Anfang stand sie noch unter europäischen Einflüssen, teils durch Emigranten aus Europa wie Francis Lieber, teils durch amerikanische Wissenschaftler, die in Europa studiert hatten wie Arthur F. Bentley. Sie löste sich jedoch rasch vom Institutionalismus und Normativismus der europäischen Staatstraditionen und orientierte sich an den Sozial- und Verhaltenswissenschaften.

Der Prozeß der Demokratisierung Amerikas wurde seit der Ära Jackson vielfach in Begriffen der Soziologie beschrieben. Die staatsrechtliche Literatur über dieses Thema war eher dürftig, in Amerika wie in Europa. Soziologische Analysen von Tocqueville bis Bryce prägten das Amerikabild. Trockene Institutionenkunden wie sie Mohl und von Holst in Deutschland und der Schweizer Rüttimann vorlegten, blieben in ihrem Einfluß auf Spezialisten beschränkt. Von Mohl bis Bryce wurden solche Synthesen immer wieder damit gerechtfertigt, daß auch die amerikanische Publizistik keine »großen Synthesen« hervorgebracht habe[3]. Aber selbst die Staatsrechtler hatten ein schlechtes Gewissen bei der deskriptiven Behandlung der Institutionen. Mohl nannte seine eigene Arbeit später ein »dürftiges Werk«[4]. Die Kenntnisse über Amerika blieben in der europäischen Staatslehre begrenzt. Amerika tauchte in vergleichenden Studien meist nur am Rande auf, als Arabeske zur Herausarbeitung von Kontrasten.

Dies änderte sich nur dort, wo die Beschäftigung mit Amerika nicht um ihrer selbst willen geschah und wo Amerika als Paradigma für die Entwicklung moderner Gesellschaften stand. Tocqueville schrieb bereits im Vorwort zu seinem berühmten Buch: »Eine neue politische Wissenschaft ist erforderlich für eine gänzlich neue Welt.«[5] Obwohl Tocqueville von »politischer Wissenschaft« sprach, die als akademische Disziplin damals noch gar nicht existierte, ging seine Analyse weit über den engen Rahmen einer politikwissenschaftlichen Erörterung hinaus. Er leistete zugleich einen Beitrag zur Soziologie und Geschichtstheorie. Unter seinem Einfluß wurde die intellektuelle Beschäftigung mit dem Modell Amerika in die Bahnen der Soziologie gelenkt. Es ist kein Zufall, daß sich in keinem anderen Lande als den USA selbst die Umgangssprache so rasch soziologisierte[6].

Amerika ist als die »erste neue Nation« gewürdigt worden, geprägt durch die Grundwerte Gleichheit und Leistung[7]. Die Selbstdeutung schwankte zwischen der Vorbildrolle und dem »american exceptionalism« hin und her. Sozialpsychologische Deutungen wie bei Riesman oder Gorer haben eher die Sonderrolle Amerikas betont[8]. Makrosoziologische Deutungen hingegen arbeiteten eher die paradigmatische Rolle Amerikas für generelle Trends der zivilisatorischen Entwicklung heraus. Amerika schien vielfach nicht nur als der erste neue Nationalstaat, sondern auch als die erste moderne Gesellschaft mit allen ihren Vor- und Nachteilen zugleich. Nicht selten wurde davon ausgegangen, daß alle modernen Gesellschaften eine ähnliche Entwicklung durchmachen würden. Der Soziologe Seymour Martin Lipset vertrat diese These pointiert: »So sind – zu jeder gegebenen Epoche – die Unterschiede zwischen Amerika und dem Gros Europas konstant geblieben, aber diese Differenz hat kaum mehr repräsentiert als ein zeitliches Nachhinken.«[9]

Eine Analyse des Einflusses Amerikas in der Welt muß zwischen soziologischer Globalanalyse und der Herausarbeitung der historischen Einmaligkeit Amerikas hindurchsteuern. Wenn Amerika lediglich als Vorreiter aufgefaßt wird, sind Anleihen beim Modell Amerika nur zeitlich bedingte Nachholprozesse, die ein Studium kaum lohnen. Wo Amerika im Sinne des Historismus als völlig einmaliges Gebilde begriffen wurde, lag ein exotischer Reiz in der Erforschung seiner Geschichte, aber die Parallelen zu anderen Demokratien erschienen relativ bedeutungslos. Die Politikwissenschaft steht auch sonst methodisch in der Mitte zwischen einer stark generalisierenden und nach Gesetzen suchenden Betrachtung der Makrosoziologie und der Suche nach historischer Einmaligkeit. Nachdem die Staatslehre die vergleichende Analyse vielfach aufgegeben hat, hatte die Politikwissenschaft den besten Zugang zu den Institutionen, welche die Demokratie ausmachen und allenfalls imitiert werden konnten.

Die Politikwissenschaft wird überwiegend durch ihren Gegenstand konstituiert. Sie teilt ihn partiell mit Geschichte und Verfassungsrecht, unterscheidet sich aber durch eine überwiegend sozialwissenschaftliche Methode. Da die Politikwissenschaft keine eigene Methode hat – wie die Jurisprudenz –, die nur ihr eigen ist, ist das Ergebnis vielfach wenig einheitlich. Kein Wunder, daß die »neue Politikwissenschaft« für »eine Neue Welt«, die Tocqueville forderte, zwischen den beiden Polen, die ihre Genesis beeinflußt haben, hin und her pendelte.

Der soziologische Pendelausschlag hat im 19. Jahrhundert dazu geführt, daß die gesamte Modernisierung mit dem Ausdruck »Demokratie« belegt wurde. Von Mill bis Bryce ist Tocqueville als Ahnherr dieses Forschungsblickwinkels über Amerika immer wieder kritisiert worden. Mill schrieb schon 1840 in der ›Edinburgh-Review‹ eine Rezension, in der der große Wissenschaftslogiker die krypto-evolutionistischen Züge von Tocquevilles Depravationstheorie brandmarkte:

> »Tocqueville hat augenscheinlich die Folgen der Demokratie mit den Folgen der Zivilisation verwechselt. Er hat in einem abstrakten Begriff alle Tendenzen der modernen kommerziellen Gesellschaft zusammengefaßt und ihr einen Namen gegeben – Demokratie.«[10]

Auch Lord Bryce, Ahnherr einer strikter politikwissenschaftlich zu nennenden Analyse, als sie Tocqueville vornahm, grenzte sich von dem großen Franzosen mit der Bemerkung ab, daß dieser die Demokratie überschätzt und die Institutionen unterschätzt habe[11].

Die Wichtigkeit der Institutionen zeigt sich nicht nur an den Seiten des amerikanischen Demokratiemodells, die in der ganzen Welt nachgeahmt wurden, sondern auch an der Haltung der Amerikaner selbst. Obwohl die soziologische Betrachtung eher die Prozesse des sozialen Wandels herausstellt und eine behavioralistische Politikwissenschaft der Soziologie in der Setzung der Prioritäten weitgehend gefolgt ist, gehören die Institutionen gerade in Amerika nicht nur zu »Opas Politikwissenschaft«. Institutionen spielen in Amerika eine besondere Rolle, gerade weil die neue Nation keine eingefahrenen Verhaltensmuster und traditionell legitimierten Institutionen besaß. Die rational und künstlich geschaffenen Einrichtungen hatten legitimierende Kraft bis hin zum Fahnenkult, der die Europäer immer wieder befremdete: »Den Europäer, dem noch der ganze Schrecken flatternder Fahnen volksverbundener Fahrt ins finstere Chaos in den Knochen steckt, fröstelt es etwas, wenn er den amerikanischen Fahnenklamauk entdeckt.«[12] Manchmal stark verdinglicht wahrgenommene Institutionen sind in Amerika vergleichsweise größere Anknüpfungspunkte für eine Identifikation mit dem politischen System als in Europa. In einer berühmten vergleichenden Studie waren 85 %

der Amerikaner im Vergleich zu 46% der Briten, 7% der Deutschen und 3% der Italiener stolz auf ihre politischen Institutionen[13]. In der ideologisch stärker zerklüfteten Landschaft europäischer politischer Kulturen haben die jeweiligen Institutionen offenbar weniger legitimierende Kraft entwickelt als in Amerika. Schon Bryce machte im 19. Jahrhundert ohne großen Aufwand an Befragungen die Beobachtung, daß die Institutionen der USA eine herausragende Rolle für das Selbstbild der Amerikaner spielten: »Was denken Sie über unsere Institutionen?«[14] nannte Bryce als typisch amerikanische Frage, die einem Briten auf dem Kontinent kaum je gestellt würde. Gerade weil das politische Credo Amerikas diffus blieb und wenig durch umfassende ideologische Weltdeutungen geformt war und die numinosen Elemente von Herrscherpersönlichkeiten und Dynastien nicht die Rolle wie in Europa spielen konnten, erhielten die Institutionen und nationalen Symbole in Amerika eine überragende Bedeutung.

Welche Institutionen sollen heute als die entscheidenden für das Modell Amerika angesehen werden? Maßstäbe für die Beantwortung dieser Frage können nur aus dem Vergleich gewonnen werden. Robert Dahls Klassifikation der Elemente von Polyarchien sind zu stark an übereinstimmenden Minimalkriterien aller Demokratien – von der freien Wahl bis zum Assoziationsrecht[15] – orientiert, um sinnvolle Unterschiede zwischen dem amerikanischen und anderen Demokratiemodellen zu ermöglichen. Bingham Powell hat die westlichen Demokratien dreifach unterteilt: »Amerikanisch und amerikanisch-dominiert«, »britisch und britisch-dominiert« und »kontinentaleuropäisch« werden als Regierungssysteme unterschieden. Kriterien für das amerikanische Modell waren in dieser Typologie die präsidentielle Exekutive und die mehrheitsorientierte Legislatur. Außerhalb Amerikas entsprachen nur die Philippinen diesem Typ. Seltsamerweise werden zu den Mischformen auch Japan und die Bundesrepublik gezählt. Das an Mehrheitsentscheidungen orientierte Parlament ist jedoch im britischen Modell noch weit ausgeprägter[16]. Die Unterscheidungen erweisen sich als amerikazentriert und grobrastrig und sind für eine detaillierte Herausarbeitung der Eigenarten des amerikanischen Modells kaum zu brauchen.

Die Eigenschaften des amerikanischen Demokratiemodells ergeben sich vor allem im Kontrast zu anderen Regierungssystemen. Neben der Übereinstimmungsmethode wird in einem solchen Vergleich auch die Differenzmethode angewandt werden müssen. Die bisher vielschichtigste Typologie findet sich bei einem holländischen Politikwissenschaftler, der in Amerika lehrt, wie Arend Lijphart, der die Unterschiede zwischen majoritären und Konkordanzdemokratien herausarbeitet.

Lijpharts Typologie zeigt, daß die in Europa weitverbreitete lose Redeweise von den »angelsächsischen Demokratien« irreführend ist. Die USA und Großbritannien ähneln sich nur in drei Elementen, die auf majoritäre Entscheidung abzielen (Konzentration der Exekutive, Zweiparteiensystem und relatives Mehrheitswahlrecht). An anderen Kriterien gemessen ist Amerika ein stark fragmentiertes Modell, das sehr auf Vermittlung mit Minderheiten bei den Entscheidungen angelegt ist (Gewaltenteilung, Zweikammerparlamentarismus, Föderalismus, geschriebene Verfassung mit hohen Amendmentbarrieren und richterliche Überprüfung von Regierungs- und Parlamentsentscheidungen[17]. Damit zeigt sich auch, daß die alten Textbuchweisheiten über den Unterschied des präsidentiellen und des parlamentarischen Systems zu einseitig auf einzelne Institutionen ausgerichtet sind. Eine politiksoziologisch orientierte Analyse der Einstellungen und sozialen Konfliktlinien, welche den Institutionen zugrunde liegen, kann besser erklären, warum viele Länder, die dem britischen Westminister-Modell in der Organisation von Exekutive und Legislative treu blieben, gleichwohl in anderen Bereichen bei Amerika Anleihen machen konnten wie im Bereich des Föderalismus und des richterlichen Prüfungsrechts.

Von den oben genannten Kriterien für die Klassifikation von politischen Systemen sind sechs brauchbar, um die einflußreichsten Bereiche des amerikanischen Demokratiemodells herauszuarbeiten, und werden daher dieser Analyse zugrunde gelegt:

das präsidentielle System (Kapitel II)
der Föderalismus (Kapitel III)
das richterliche Prüfungsrecht (Kapitel IV).

Darüber hinaus sind einzelne Institutionen im Bereich der Repräsentation und der Partizipation (Kapitel V) für den Konstitutionalismus in der Welt von Bedeutung gewesen.

Schließlich wurde die Einschätzung des amerikanischen Modells durch seine außenpolitische Weltmachtrolle verändert, daher müssen die Zusammenhänge von Weltmachtrolle, Missionsgedanke und der Zukunft des amerikanischen Modells untersucht werden (Kapitel VI).

Auf knappem Raum ist Kürze der Darstellung geboten. Daher wird hier nicht noch einmal versucht, das Amerikabild in allen Bereichen herauszuarbeiten. Zahlreiche Detailuntersuchungen zu einzelnen Ländern und Epochen haben diese Arbeit geleistet. Hier können nur die einflußreichsten Studien zum Amerikabild verarbeitet werden. Der Akzent liegt nicht auf dem folgenlosen Meinen einzelner Reisender und Theoretiker, die in der Literatur über das Amerikabild weitgehend dominieren. Es geht hier vor allem um den tatsächlichen Einfluß des amerikanischen Demokratiemodells in Rezeptions- und Konstituierungsprozessen in der Welt.

Die Suche nach den tatsächlichen Einflüssen kann die verbale Berufung auf das Modell Amerika nicht immer für bare Münze nehmen. Vielfach zeigt sich, daß ausländische Theoretiker und Politiker nur nach funktionalen Äquivalenten suchten, wenn sie sich auf die USA beriefen. Der alte Streit von Diffusionisten und Funktionalisten in der Ethnologie ist auch im Bereich politischer Einflüsse nicht leicht zu schlichten. Haben Institutionen sich aus vergleichbaren Herausforderungen unterschiedlicher Gesellschaften herausgebildet, oder sind sie durch Diffusion verbreitet worden? Solange Amerika für die Ausbreitung seines Modells keine Machtmittel einsetzen konnte, spricht mehr für die Erklärung mancher Anleihen beim Modell Amerika durch die Suche nach funktionalen Äquivalenten.

Mit Recht wird seit Calhoun in der Versuchung, die amerikanische Demokratie mit den ihren Grundprinzipien widersprechenden Mitteln militärischer Macht zu verbreiten, nicht eine Möglichkeit, sondern eher eine Gefahr gesehen.

Anmerkungen

1 Ronald G. Landes: The Canadian Polity. A Comparative Introduction. Scarborough/Ontario, Prentice Hall, Canada, 1983, S. 98.
2 Andrew Levine: Liberal Democracy. A Critique of Its Theory. New York, Columbia UP, 1981, S. 7.
3 Robert von Mohl: Das Bundesstaatsrecht der Vereinigten Staaten von Nordamerika. Erste Abteilung. Verfassungsrecht. Stuttgart 1824.
James Bryce: The American Commonwealth (1888). New York, Putnam, 1959, Bd. 1, S. 5.
4 Robert von Mohl: Lebenserinnerungen. Stuttgart, DVA, 1902, Bd. 2, S. 260f.
5 Alexis de Tocqueville: De la démocratie en Amérique. Paris, Gallimard (Œuvres complètes, Bd. 1), 1961, Bd. 1, S. 5.
6 Ralf Dahrendorf: Die angewandte Aufklärung. Gesellschaft und Soziologie in Amerika. Frankfurt, Fischer, 1968, S. 12ff.
7 Seymour M. Lipset: The First New Nation. The United States in Historical and Comparative Perspective. Garden City, Anchor Books (1963), 1967, S. 2.
8 David Riesman: The Lonely Crowd. New Haven, Yale UP, 1950; Geoffrey Gorer: The American People. New York 1948.
Max Lerner: America as a Civilization. New York, Schuster & Simon, 1957, S. 64ff.
9 Lipset, op. cit., S. 148.
10 John St. Mill: M. de Tocqueville and Democracy in America. Dissertations and Discussions. London 1859, Bd. 2, S. 62.
11 Bryce, op. cit., Bd. 1, S. 4.
12 Gabriel A. Almond/Sidney Verba: The Civic Culture. Princeton UP, 1963, S. 102.
13 Paul Watzlawick: Gebrauchsanweisung für Amerika. München, Piper, 8. Aufl., 1984, S. 146.
14 Bryce, op. cit., Bd. 1, S. 1.
15 Robert A. Dahl: Dilemmas of Pluralist Democracy. New Haven, Yale UP, 1982, S. 10f.
16 G. Bingham Powell Jr.: Contemporary Democracies. Cambridge/Mass., Harvard UP, 1982, S. 67.
17 Arend Lijphart: Democracies. Patterns of Majoritarian and Consensus Government in Twenty-One Countries. New Haven, Yale UP, 1984, S. 33ff.

I. Der Wandel des Amerikabildes: Von der Republik zur Demokratie

a) Belastungen des Amerikabildes

Am Anfang waren vor allem die Republikaner Europas am Modell »Amerika« interesiert. Die Republik, zu einem Schulbuchtyp heruntergekommen, der allenfalls noch in Rückzugsgebieten wie in den Schweizer Bergen zu leben schien, wurde in Amerika zu neuem Leben erweckt. Erst als die »Demokratie« als Grundbegriff der Analyse die Republik zu überlagern begann, verbreiterte sich das Interesse am Modell Amerika in den Ländern Europas, die damals noch überwiegend Monarchien waren.

In der frühen Zeit war das Amerikabild drei Belastungen ausgesetzt:

- von einigen Publizisten wurde es als ein besseres England hochstilisiert,
- mit der Französischen Revolution wurde Amerika vielfach als Vorläufer und Inspirator Frankreichs wahrgenommen,
- und schließlich wurde Amerika in der Auseinandersetzung von Frankophilen und Anglophilen im Streit der Parteien funktionalisiert, ohne um seiner selbst willen verstanden zu werden.

1. Das Amerikabild litt anfangs durch das Verständnis, daß es sich entweder um ein »unterentwickeltes Neuengland« handle oder aber im Gegensatz zum verrotteten England die Keime eines neuen *besseren England* enthalte. Die Entdeckung des »edlen Wilden« in der französischen Aufklärung hatte vornehmlich den asiatischen Osten im Blick gehabt. Nun wurde es unter Radikalen Europas zum Teil üblich, ihn in Amerika zu finden, wobei die Amerikaner den Vorteil hatten, nicht nur exotische Andersartigkeit zu verkörpern, die in Europa unverständlich erschien. Typisch für diese Haltung sind die Verallgemeinerungen von Richard Price, ganz im Geiste Rousseaus.

Er hielt die Mitte zwischen Wildheit und Zivilisation für die glücklichste Stufe der Menschheit, die in Amerika allenfalls durch zu viel Handel mit Europa korrumpiert werden konnte. Amerikanische »yeomanry« wurde dem britischen Händlergeist entgegengesetzt:

> »Von einem Ende Nordamerikas bis zum anderen fasten und beten sie. Was aber tuen wir? Schockierender Gedanke! Wir machen sie als Fanatiker lächerlich und mockieren uns über die Religion ... Hier sehen wir einen alten Staat, groß fürwahr, aber aufgebläht und irreligiös, entnervt von Luxus, von Schulden geplagt, am seidenen Faden hängend.«[1]

Noch ehe eine amerikanische Ideologie geboren war, wurde sie von britischen Radikalen bereits entwickelt. Die liberale Philosophie der Whigs hingegen sah England in etwas günstigerem Licht als der Radikalismus eines nonkonformistischen Pastors wie Richard Price. Konservative Betrachter schließlich waren aus politischen – weniger aus sozialen – Gründen nicht geneigt, die »edlen Barbaren« Amerikas zu verklären. Populistisch gestimmte Verklärung wie Anklagen gegen die neue Barbarei hatten jedoch vielfach einen Kunstgriff der Darstellung gemein: sie verglichen Amerika und Rußland. Die Suche nach zweifelhaften Parallelen hat bereits Marx in einem Brief an seinen russischen Übersetzer beschäftigt[2]. Schon früh kam es bei solchen Vergleichen in einem Gemisch aus Wonne und Grauen zu Prophezeiungen über die einstige Weltrolle der beiden heutigen Supermächte[3].

Das Bild eines transatlantischen Arkadiens – positiv oder negativ interpretiert – zerfiel in der Zeit zwischen Jacksons Demokratisierungsbewegung und dem Bürgerkrieg. Neue Topoi über Profitgier, Sektenwesen, Korruption und hemmungslosen Individualismus Amerikas breiteten sich in der Alten Welt aus. Selbst in diesen negativ interpretierten Zügen war Amerika vor schiefen Vergleichen mit Rußland nicht sicher. Konservative Kreislauftheoretiker haben die Parallelen später zugespitzt und Amerika zwischen Aufstieg und Verfall keine wirkliche Blütezeit mehr zugebilligt. Die USA und die Sowjetunion sind sogar in gewagten Parallelen von Kulturpessimisten wie Spengler und Keyserling gleichgesetzt worden. Der Primat der Wirtschaft, die Diktatur der öffentlichen Meinung, ja sogar der Staatskapitalismus wurden als das verbindende Band gesehen[4]. In der Zeit der Waffenbrüderschaft der beiden aufkommenden Supermächte wurden solche Parallelen gezogen, um die Sowjetunion als gleichberechtigten Partner Amerikas zu feiern. Keine geringeren als die Vordenker der britischen Labourparty wie Beatrice und Sidney Webb sahen in der Sowjetunion Stalins nun plötzlich die »gleicheste und umfassendste Demokratie der Welt«[5].

Amerika hat auf die verständnislosen Kommentare seit John Adams damit reagiert, den europäischen Reisenden und Publizisten »komplette Ignoranz« zu bescheinigen[6], und spätere historische Untersuchungen haben dieses Verdikt auch in Europa bestätigt[7]. Man mußte schon ein Jahrzehnt in Amerika gewesen sein, wenn man wie der österreichische Adlige Francis Grund ein faires Bild des Landes zeichnete, das weder von amerikanischen Minderwertigkeitskomplexen noch von europäischer Überheblichkeit getrübt war:

> »Wenn ich so von amerikanischen Politikern spreche, habe ich nicht die Absicht, neidvolle Vergleiche zwischen ihnen und europäischen Staatsmännern zu ziehen. Ich gehöre weder zu jener Sorte von Europäern, die den Namen Amerikas nicht ohne Widerwillen aussprechen können, noch zu der Klasse von modischen weitgereisten Amerikanern, die nichts in ihrem eigenen Land finden, das Europa gleicht. Im Gegenteil, ich behaupte, daß genauso viel Intelligenz, Fleiß, und ganz sicher Tugend in den Mitgliedern des Kabinetts in Washington zu finden ist als im Ministerrat irgendeines europäischen Fürsten. Ich sage dies in vollem Bewußtsein, daß dies mehr Hohn in den Oberschichten Amerikas als in denen Europas hervorrufen wird.«[8]

Solche Ansichten hoben sich wohltuend von der idyllischen Verklärung jener Reisenden ab, die den amerikanischen Präsidenten noch persönlich sein Pferd vor dem Weißen Haus anbinden gesehen haben wollen und nach Amerika kamen ohne vorherige Kenntnis, aber bereit, die »demokratischen Institutionen zu bewundern« – wie eine englische Reisende formulierte. Sie unterschieden sich aber auch von jenen Kritikern, die im House of Representatives Unordnung und Terror zur Behinderung der Opposition entdeckt haben wollen[9].

2. Nach der Französischen Revolution wurde die Stellung zu den Ereignissen zum zentralen Konfliktpunkt der entstehenden Parteien in Europa. Amerika wurde fortan häufig nur als *Vorläufer oder Inspirator der französischen Ereignisse* gesehen. Obwohl Lafayette ursprünglich eher aus Ehrgeist, Frustration und Britenhaß denn aus Freiheitsliebe nach Amerika kam, hat er an der Legende der beiden Revolutionen in einem Geist kräftig mitgewirkt[10], so sehr auch die Interessen der beiden Länder bald in Konflikt gerieten. Patrioten überreichten Washington durch Thomas Paine den Schlüssel der Bastille, um dem Mythos der gemeinsamen Revolution Nachdruck zu verleihen. Die konservativen Theoretiker der Politik, die Gegner der Französischen Revolution waren, versuchten ihrerseits die amerikanische Komplizenschaft im Zeitalter der Revolution zu denunzieren. Typisch für diese Haltung ist eine Äußerung Friedrich Schlegels:

> »Es ist eigentlich wohl eine Ungerechtigkeit, wenn man diese Revolution immer nur die französische nennt, oder ausschließlich als solche betrachtet; es war eine politische Krankheit, ein epidemisches Völker-Übel des ganzen Zeitalters . . . Die eigentlich Pflanzschule aller dieser zerstörenden Principien, die revolutionäre Erziehungs-Anstalt für Frankreich und das übrige Europa war Nord-Amerika gewesen.«[11]

So sehr auch radikale britische Publizisten wie Paine und Price diesen Mythos verbreiteten, so wurde ihnen dennoch nicht von allen Amerikanern geglaubt. Die amerikanische Reaktion auf die Französische Revolution war durchaus eigenständig und wurde rasch von den aufkommenden Eigeninteressen der amerikanischen Parteien geprägt. Die Föderalisten in Amerika waren zwar auch für Freiheit und Republik, aber sie hatten durchaus Vorbehalte gegen die Radikalität der Jakobiner: »Möge uns Gott vor den Folgen eines solchen Fanatismus beschützen«, schrieb ein amerikanischer Kritiker der Französischen Revolution.

Frankreich wirkte in Amerika eine Zeitlang parteibildend, während der Umkehrschluß nicht möglich ist. Washington und Hamilton hielten Amerika in den Revolutionskriegen neutral. Die Föderalisten aber waren im Herzen pro-englisch, die Antiföderalisten eine eher frankophile Partei. Burkes »Reflections« und Paines »Rights of Man« wurden Quellen der Inspiration für die parteiliche Stellungnahme zur Französischen Revolution. Spätestens seit dem Ende der Revolution in Frankreich durch den Staatsstreich Napoleons wurde selbst bei Jefferson das nationale Eigeninteresse höher gestellt als die gefühlsmäßige parteiliche Option.

Die Gleichsetzung der amerikanischen Revolution mit der Französischen wurde in Amerika nicht einhellig mitgemacht und wurde auch in Europa zunehmend kritisiert. Liberale, die die amerikanische Revolution begrüßt hatten, wurden zu erbitterten Gegnern der Französischen. Burke war die Inkarnation dieses ideologischen Wandels. Radikale wie Joseph Priestley haben diese Schwenkung nicht verstanden, wie sich aus einem Brief an Burke ersehen läßt:

> »Daß ein bekennender Freund der amerikanischen Revolution ein Feind der französischen Revolution sein sollte, die auf den gleichen allgemeinen Prinzipien beruht, und großenteils aus ihr hervorging, ist für mich nicht nachvollziehbar.«[12]

Burke war einer der ersten, die begriffen, daß die amerikanische Revolution weit mehr der Verteidigung altenglischer Freiheiten diente, als der holistische Rationalismus der französischen Revolution mit seinen Grundsätzen vereinbar war. Die amerikanische Revolution war mit den neuformulierten Grundsätzen des Konservatismus vereinbar, die französische nicht. Auch auf dem Kontinent haben Burkes Bewunderer die Gleichsetzung der beiden Revolutionen nicht mitgemacht. Friedrich von Gentz, später ein brillanter Publizist im Dienst Metternichs, hat den Unterschied der beiden Revolutionen schon im Jahre 1800 luzide herausgearbeitet:

»Nie sind im ganzen Laufe der Amerikanischen Revoluzion die Menschen-Rechte angerufen worden, um die Rechte der Bürger zu zerstören: nie hat man die Souveränität des Volkes zum Vorwande gebraucht, um das Ansehen der Gesetze oder die Fundamente der gesellschaftlichen Sicherheit zu untergraben: nie hat man zugegeben, daß ein Individuum, oder auch eine ganze Classe von Individuen, oder selbst die Repräsentanten dieses oder jenes einzelnen Staates, sich auf die Deklaration der Rechte bezögen, um positiven Verbindlichkeiten zu entgehen, oder dem gemeinschaftlichen Souverän den Gehorsam aufzusagen; nie ist es endlich einem Gesetzgeber oder Staatsmann in Amerika in den Sinn gekommen, die Rechtmäßigkeit fremder Staatsverfassungen anzufechten, und die Amerikanische Revoluzion, als Modell für irgendein andres Volk, oder als eine neue Epoche in den allgemeinen Verhältnissen der bürgerlichen Gesellschaft darzustellen.«[13]

Auch bei Konservativen unterschied man zunehmend zwischen beiden Revolutionen, schon terminologisch wurden schwächere Worte für die amerikanische Bewegung benutzt, wie »Rebellion«, »Aufruhr«, »Frechheit« oder »Krieg«[14]. Die Liberalen hingegen betonten den Revolutionscharakter der amerikanischen Unabhängigkeitsbewegung stärker, lobten aber zugleich die Mäßigung dieser Revolution:

»Es ist bezeichnend für diese Revolution und den germanischen Volkscharakter, daß die endliche Entscheidung weniger durch Schlachten und rasch aufeinanderfolgende Schläge, als durch ein dauerhaft organisiertes Sytem des zähen und passiven Widerstandes herbeigeführt wurde.«[15]

Selbst in dem liberal-aufklärerischen Staatslexikon wurde die Differenz also weniger aus politischen Grundsätzen als aufgrund des Unterschieds zwischen Germanen und Romanen erklärt. Gelobt wurde an Amerika auch der Mangel an Missionsgeist im Gegensatz zum Fanatismus, der als Folge der französischen Revolutionskriege so viel Leiden für die Nachbarstaaten verursacht hatte.

In Deutschland entsprang die Amerikabegeisterung zum Teil

einer Gegnerschaft gegen das »perfide Albion«, das zur führenden Wirtschaftsmacht geworden war. Im Gegensatz zu Frankreich blieb die Amerikanophilie hier weitgehend folgenlos. Die Skepsis gegenüber der Vorbildwirkung Amerikas in Deutschland wurde von den Pamphletisten gleich mitgeliefert:

> »Amerikanische Patrioten träumten lange schon von Unabhängigkeit usw. – wo ist einem elenden Volk je dergleichen eingefallen? Schleppt dies nicht seine verwundenden Ketten, trägt es nicht die blutsaugenden Geißelschläge mit Geduld und kriecht vor seinem Tyrannen, um Gnade winselnd, auf allen Vieren?«[16]

Die spätere Geschichtsschreibung hatte detailliertere Kenntnisse über die amerikanische Revolution als die zeitgenössische Publizistik. Aber auch sie war in der Frage nach dem revolutionären Charakter der amerikanischen Unabhängigkeitsbewegung geteilter Meinung, und die Frage wurde vielfach nach dem jeweiligen politischen Standort entschieden. Konservative Betrachter von Bancroft bis Rossiter haben eher gegen die Annahme einer Revolution optiert. Es wurde ein fundamentaler Konsens der Amerikaner betont, der zu dem Paradoxon führte, daß die Revolution »ihrem Charakter nach äußerst radikal« war, »und doch ward sie mit so wohlwollender Ruhe zu Stande gebracht, daß selbst der Conservatismus in seinem Tadel vorsichtig und zurückhaltend war«[17].

Spätere Historiographen haben versucht, diese Probleme der Beurteilung empirisch zu entscheiden. R. R. Palmer hat in seinem klassischen Werk »The Age of the Democratic Revolution« harte Daten für den revolutionären Charakter der Bewegung erbracht. Sein Argument: Es hat pro Kopf der Bevölkerung in Amerika mehr Emigranten und konfiszierten Besitz gegeben als in Frankreich; das Ausmaß der sozialen Umwälzung durch die amerikanische Revolution werde also unterschätzt. Auch Marxisten haben nicht die geringsten Bedenken, die amerikanische Unabhängigkeitsbewegung als »bürgerliche Revolution« anzuerkennen[18].

Aber das blieben Ex-post-facto-Ehrungen. Sie waren folgenlos, und Amerika wurde in Europa auch von Konservativen für etwas anderes bewundert. Hannah Arendt und andere haben die amerikanische Revolution vor allem dafür gerühmt, daß sie nicht nur die Gesellschaft verändert habe. Gerade die Neuerungen in dem, was Linke als »Überbauphänomen« gern geringschätzen, wurden hervorgehoben: die neue politische Ordnung, die man geradezu als Erbe aristotelischen Denkens feierte. Daß die neue Ordnung mit der Schaffung einer Verfassung begann, ist dabei kaum so einmalig, wie Dolf Sternberger und andere vor ihm annehmen. Selbst die Oktoberrevolution führte zu einer Verfassung, aber alle anderen revolutionären Verfassungen hatten weder den Stellenwert im neuen System noch den Bestand der amerikanischen Verfassung. Die bloß politisch-liberale Lösung ist vielleicht ebenfalls übertrieben worden. Psychologen haben herzlos vom Jefferson-Schwindel gesprochen, der durch die Formel des Rechts auf »Streben nach Glückseligkeit« (pursuit of happiness) in der von Jefferson redigierten Unabhängigkeitserklärung zum Ausdruck komme. In einer weniger liberalen Gesellschaft hätte der von europäischen Liberal-Konservativen verachtete eschatologische Zug durch solche Formeln in die Politik Eingang finden können. Obwohl Hannah Arendt auch Bedeutungsstränge des »öffentlichen Glücks« in die Formel hineininterpretiert, bleibt es bemerkenswert, daß die Glücksformel in Amerika doch überwiegend im Sinne des »possessiven Individualismus« einer Erwerbsgesellschaft von Individualisten aufgefaßt wurde und keinen Kollektivismus auslöste. Es entstand im Gegensatz zu Frankreich kein »Ausschuß der öffentlichen Wohlfahrt«, der den Glücksgedanken in einer Wohlfahrtsdiktatur enden ließ. Auch von modernen Psychologen wird das für Amerika typische Anspruchs- und Glücksdenken rein individuell gedeutet[19].

In dieser Untersuchung geht es um den Einfluß des Modells Amerika in der Welt, nicht um eine Rekonstruktion der faktischen revolutionären Entwicklung des Landes. Daher ist ausnahmsweise unter dieser Fragestellung die subjektive Wahrnehmung Amerikas durch zeitgenössische Betrachter wichtiger als der neueste Forschungsstand über die tatsächliche soziale Umwälzung. Im 19. Jahrhundert ist davon auszugehen, daß dank genauerer Kenntnisse der Europäer über das Ausmaß der Gewaltanwendung durch die französischen Revolutionäre und dank der gemäßigten Fortentwicklung des amerikanischen Experiments Liberale wie Konservative die amerikanische Revolution akzeptieren konnten, auch wenn sie die Französische erbittert ablehnten.

3. Die *Funktionalisierung des Amerikabildes* war eine Folge der Tatsache, daß die Einstellung zu den USA in Europa keine gruppenbildende Kraft besaß. Anhänger und Gegner der Französischen Revolution waren Frankreich-fixiert, Amerika wurde nur selten erwähnt. Die Konfliktlinie, die Liberale und Konservative in Europa schied, war die Französische Revolution.

In Frankreich selbst war mit der Restauration die Stunde einer neuen Welle der Amerikanophilie gekommen. Amerika wurde zur Legitimation der in Frankreich besiegten republikanischen Idee benutzt. Aber die beiden Lager dachten in erster Linie an Frankreich und kämpften geistig um die Stellung der eigenen Revolution, wenn sie sich mit Amerika auseinandersetzten. Tocqueville gab das im Vorwort seines bekannten Werkes ohne Umschweife zu:

> »ich bekenne daß ich in Amerika mehr gesucht habe als Amerika ... Ich habe an die Zukunft denken wollen.«[20]

Eine gewisse Eigenständigkeit gewann Amerika erst durch den Demokratisierungsprozeß unter Jackson. Ein Schulbuchtyp von Demokratie – der seit der Antike nicht mehr wirklich existiert zu haben schien – gewann neues Leben. Manche Autoren verglichen dic attische und die amerikanische Demokratie[21].

Liberale Autoren haben gerade betont, daß eigentlich erst in Amerika eine wirkliche Demokratie – wenn auch noch eine »Demokratie in den Flegeljahren« – entstanden sei:

> »Denn die Republiken des Alterthums waren mehr dem Namen nach als in der Tat demokratisch, indem sie, abgesehen, daß sie auf die Sklaverei des zahlreichsten Theils ihrer Bevölkerung basiert waren, sämmtlich die Theilung der Bürger in mehrere Klassen zuließen.«[22]

Erst die »Gleichheit« der Bürger machte die echte Demokratie nach dieser Ansicht aus.

Mit der Entstehung eines radikaleren Demokratiebildes bei den Sozialisten wurde der Demokratiegehalt des amerikanischen Modells wieder in Frage gestellt. In der polemischen Literatur ist es bis in unsere Tage ein beliebter Trick, die antidemokratischen Äußerungen vieler Gründungsväter zu zitieren[23]. Gegenüber der Selbstverherrlichung Amerikas als Demokratie auf »natürlicher Grundlage« gab es in der Wissenschaft schon lange eine gewisse Skepsis. Vor allem zwischen Demokratie und Puritanismus mit der Betonung der Souveränität Gottes und der Prädestinationslehre existierte anfangs durchaus keine Affinität. Dennoch hat eine Religion, die die Bibel in die Hand jedes Gläubigen legte, die Vereinigung von »puritanischer Erweckungsbewegung und demokratischer Aufklärung« später begünstigt[24]. Nicht einmal die propagandistische Rhetorik unterstellt heute noch, daß die Verfassungsväter Demokraten im modernen Sinn gewesen seien. Im amerikanischen Modell des Konstitutionalismus wurde alles vermieden, was zu Machtkonzentrationen führen konnte. Weder der britische Parlamentarismus noch der kontinentale Rousseauismus wurde angestrebt[25]. Das amerikanische System wurde als systemgerechte Variante des britischen aufgefaßt, das sich nur zur Aufgabe gesetzt hatte, die vermeintlichen Entartungserscheinungen des Westministermodells wie das Kabinettssystem und das Parteiwesen auszumerzen. Bei dieser eigenwilligen Rezeption wurde übersehen, daß gewisse Institutionen, die man vom britischen Modell übernahm, in Großbritannien längst als überholt galten – wie das Veto des Staatsoberhaupts und die Inkompatibilität von Ministeramt und Abgeordnetenmandat, die seit dem Regency Act von 1706 gelockert worden war.

Gerade diese konservativen Züge des amerikanischen Konstitutionalismus machten das Modell so rasch für relativ konservative Gruppen im Ausland attraktiv. Es wurde von konservativer Seite bei aller Kritik an der »Jacksonian Democracy« und dem aufkommenden Egalitarismus gelobt, daß der antike Gemeinplatz, Demokratie neige zur Pöbelherrschaft (Ochlokratie), nicht eingetreten sei. Warum diese in der demokratischen Staatsform angelegte ochlokratische Entartung nicht eingetreten ist, wurde meist damit erklärt, daß das Volk aufgrund der harten Existenzbedingungen in einem agrarischen Land nicht stark genug war, um sich zu rotten. Wo es zu »Druck von der Straße« zu kommen schien, war die Möglichkeit gegeben, durch die Westwärtsbewegung diesen Druck zu mildern. Manchmal wurde die Aussichtslosigkeit der Lage des Pöbels geradezu zynisch kommentiert, wie bei dem Historiker Heinrich von Treitschke:

> »Betrachten Sie doch nur den süßesten Pöbel der Welt, den von Neu-York. Es ist der zusammengeströmte Auswurf der ganzen Erde, und wie werden dennoch diese verdorbenen socialen Elemente, allein auf sich selbst angewiesen, hier gezwungen, sich zusammenzunehmen. Glauben Sie, daß eine preußische Polizei sie so in Schranken halten könnte, wie sie in Schranken gehalten werden nur durch das strenge Gesetz der Noth? Jeder weiß ganz genau: ob ich hier Hungers sterbe, darum kümmert sich kein Mensch.«[26]

Ein solcher Zynismus ist nicht ganz ausgestorben. Bis heute gibt es in milderer Form die Variante, daß der Sozialstaat mit steigenden Erwartungen die Entartung der Demokratie verstärke.

Die Reduktion der amerikanischen Ereignisse auf eine Funktion des Vorläufertums für die Französische Revolution und die Funktionalisierung Amerikas für die Parteiauseinandersetzungen, die sich an der Stellung der Gruppen zur Französischen und nicht zur amerikanischen Revolution bildeten, sind als Folge von Verdrängungen gewertet worden, die mit der Französischen Revolution begannen, im deutschen Idealismus ihre Rechtfertigung erfuhren und schließlich vom Marxismus vollendet wurden[27]. Eine Analyse, die nicht nur auf die Höhenwanderung philosophischer Äußerungen zu Amerika ausgerichtet ist, wird nach Nationen, Epochen und parteilichen Gruppierungen stärker differenzieren müssen.

b) Perioden des Einflusses der amerikanischen Demokratie

In der Analyse der Belastungen des Amerikabildes wurde deutlich, daß das Amerikabild sich wandelte. Amerikano-Philie und Amerikafeindschaft wurden in verschiedenen Epochen von unterschiedlichen Gruppen vertreten. Diese reagierten weniger auf Ereignisse in Amerika als auf solche in Europa, vor allem in Zeiten revolutionärer Ereignisse wie 1789, 1830, 1848, 1917/18. Nur zwei Ereignisse der amerikanischen Geschichte wurden hinreichend perzipiert, um das Amerikabild der Parteien zu modifizieren:

- die »Jacksonian democracy«
- und der Bürgerkrieg in Amerika.

Carl J. Friedrich hat drei Perioden des Amerikabildes in der Welt unterschieden:

- die Periode einer allgemeinen Sympathie für Amerika,
- eine mittlere Periode, die um 1848 kulminierte und zu einer Welle der Rezeption amerikanischer Institutionen führte,
- und eine Spätphase seit dem Ersten Weltkrieg, als autoritäre Regime zusammenbrachen und man nach Modellen für den Demokratisierungsprozeß Ausschau hielt[28].

Im ganzen ist diese Einteilung auch im Licht der historischen Detailstudien brauchbar. In einigen Ländern ergaben sich jedoch andere Zäsuren, die zur Untergliederung dieser Langzeitzyklen anregen. In Frankreich etwa war 1830 eine weitere solche Zäsur.

1. Im Zeitalter der Französischen Revolution wird man nicht mit Friedrich von einer »Periode des allgemeinen Enthusiasmus« für das amerikanische Modell sprechen können. Frankreich war als Modell weit einflußreicher. In Italien kam es zu ziemlich sklavischen Kopien. Auch der Stolz der Spanier auf ihre freiheitliche Verfassung von Cádiz aus dem Jahre 1812 kann nicht darüber hinwegtäuschen, daß manche Passagen fast wörtlich aus der französischen Verfassung von 1791 übernommen worden waren. Unter spanischen Konservativen hat es nicht an Anklagen gegen den übertriebenen *»francesismo«* gefehlt, obwohl manche der Hauptredner wie Argüelles glaubten, die »ursprüngliche Verfassung Spaniens« wiederherzustellen – ein Topos, der bei vielen Rezeptionsversuchen angewandt wurde. Nordamerika spielte in den Debatten bei der Schaffung der konstitutionellen Monarchien eine geringe Rolle, weil man bis tief ins 19. Jahrhundert einen wesensmäßigen Unterschied zwischen konstitutioneller Monarchie und repräsentativer Demokratie machte. Erst als das »Repräsentativsystem« in seiner Funktionsweise mit Vorherrschaft des Parlaments in den 1830er Jahren zu einer Art Oberbegriff wurde, verloren die verdinglichten Unterscheidungen der Staatsformen an Bedeutung.

In der Restaurationszeit spielte die amerikanische Republik nur bei den Oppositionen als Modell eine wichtige Rolle. Die Einflußlosigkeit der Republikaner im Europa der Heiligen Allianz machte die Idealisierung Amerikas folgenlos. 1830 begann sich das Amerikabild zuerst in Frankreich zu wandeln. Lafayette war nicht mehr der unumstrittene Held zweier Nationen. Die Zahl der Reisenden und der Kenntnisse über Amerika nahm zu. Das Amerikabild wurde differenzierter. Das Bild eines agrarischen tugendhaften Arkadiens jenseits des Atlantiks wurde seit Jacksons »Revolution« von Elementen einer merkantilen, profitorientierten Gesellschaft getrübt. Die liberalen Gruppen, die nach 1830 in Frankreich an Einfluß gewannen, akzeptierten nur noch manche der amerikanischen Institutionen und den Liberalismus, der sie trug, nicht aber die Gesellschaft, die »öffentlichen Sitten« und die Tendenzen zu einer egalitären Demokratie. Das »Parteiengezänk« und die »Patronagewirtschaft« Amerikas gerieten ins Visier der Kritik. Die weitverbreitete Verketzerung der Parteien auf der Basis traditionaler Konkordialehren konnte in Amerika kein Vorbild entdecken. Selten war die Einschränkung der Kritiker, wie bei einem deutschen Staatsrechtler, daß in der »repräsentativen Demokratie« Amerikas die Parteien die positive Funktion hätten, »die Alleinherrschaft des Volkes zu mäßigen«, während man die konstitutionelle Monarchie Europas von diesem amerikanischen Parteigeist freizuhalten suchte[29]. Auch die zunehmenden Rassenkonflikte trübten das Bild der USA. Eine fragmentierte Gesellschaft mit der verwirrenden Fülle von rassischen, ethnischen, religiösen und Schichten-Konflikten entsprach nicht dem progressiven Leitbild der französischen »*volonté générale*« und der Konzeption einer »*einheitlichen und unteilbaren Nation*«, das zunehmend auch von den französischen Konservativen akzeptiert wurde, als die Träumereien über eine Restauration des ständischen *ancien régime* immer gegenstandsloser geworden waren.

Mit dem Bürgerkrieg fanden die Depravationstheorien über

Amerika mehr und mehr Glauben in Europa. Selbst ein Schweizer Radikaler wie Rüttimann schilderte in seinem monumentalen Werk die negativen Erscheinungen wie abnehmende Bildung, Verwilderung der englischen Sprache und der politischen Auseinandersetzungen, Lockerung der Familienbande und die Jagd nach Reichtum und Vergnügen. Im Gegensatz zu Tocqueville, Mill und Mohl, »hervorragenden Denkern von echt liberaler Gesinnung«, wollte er diese Phänomene jedoch nicht im Stil der Zeit auf die Demokratie schlechthin zurückführen, sondern sah sie bedingt durch singuläre amerikanische Ereignisse wie die Erschütterungen der Revolution und die rasche Ausdehnung im Westen und Süden Nordamerikas[30]. Die Akzeptierung der soziologischen Kritik bei Milde in der Wertung der politischen Institutionen – die für einen Schweizer zudem den Vorteil hatte, die Demokratie nicht schlechthin zu diskreditieren – , war ein weitverbreiteter Kunstgriff in der Literatur von Laboulaye bis Bryce.

2. *Im Zeitalter der Revolution von 1848* kam es erstmals in Europa zu stärkeren Anleihen beim Modell Amerika, aber nirgendwo – außerhalb Lateinamerikas – handelte es sich um eine Totalidentifikation, sondern eher um die Schaffung funktionaler Äquivalente auf der Basis eigenständiger Verfassungstraditionen. Die Parteien gewannen in vielen Ländern festere Konturen, als sie die alten Weltanschauungsgruppen vor 1848 gehabt hatten, die sich stark an ihrer Stellung zur großen Französischen Revolution ausgerichtet hatten. Das Amerikabild wurde noch stärker als vorher in den Dienst parteilicher Programmatik gestellt, die sich an Europa orientierte, nicht an einem Bild von differenzierten Kenntnissen über Amerika. Immerhin haben einzelne Akteure wie Tocqueville und Beaumont im französischen Verfassungsausschuß, Rüttimann in der Schweiz und von Mohl im deutschen Paulskirchenparlament ihre profunden Kenntnisse über Amerika in einer politischen Entscheidungssituation einbringen können. Das Amerikabild der Parteien war einem raschen Wandel unterworfen:

– Die *Liberalen* als die erste moderne Partei in vielen Ländern wurden kritischer gegenüber Amerika. Der Amerika-Enthusiasmus des liberalen Staatslexikons von Rotteck und Welcker fand in der Paulskirche keine generelle Gefolgschaft mehr. Die Liberalen in der französischen Nationalversammlung um 1848 waren ebenfalls gespalten. Eine Parlamentsstudie ergab, daß sich 7 Liberale für und 9 Liberale gegen das amerikanische Modell aussprachen[31].

- Die *Konservativen* haben einerseits das amerikanische Modell, aus einer Revolution geboren, gelassener beurteilt als in der Zeit der Französischen Revolution, in der vielfach die Komplizenschaft der amerikanischen Freiheitsbewegung unterstellt wurde. Andererseits haben sie die Verfallshypothesen und die Demokratiefurcht, die die Beschäftigung mit Amerika zunehmend hervorbrachte, noch eifriger geglaubt als die Liberalen. Aber nur die militanten Legitimisten, die sich ganz an der Dichotomie Republik – Monarchie orientierten, konnten dem republikanischen Modell der USA nichts abgewinnen. Ein Ahnherr des theoretischen und praktischen Konservatismus in Frankreich, wie Chateaubriand, hatte einst in seinen Memoiren die Staatsformfrage selbst für Amerika noch nicht ganz für entschieden gehalten. Er enthielt sich allerdings exakter Prognosen und flüchtete in gewagte Parallelen zu Rom, wie sie eigentlich erst üblich wurden, als Amerika zur Weltmacht geworden war. Amerikanische Westausdehnung wurde mit römischer Nordausdehnung verglichen, und Folgen für die Staatsform wurden suggeriert: »Als die römische Republik die Alpen überquerte ..., verwandelte sie sich in eine Monarchie.«

Hegel hat in Deutschland ähnlich konservative Vorstellungen gehegt, nach denen ein Staat erst »ausgereift« sein müsse, um reif für die Monarchie zu sein. Von Nordamerika sagte Hegel über den Staat: »Er ist noch nicht so weit vorgerückt, um das Bedürfnis des Königtums zu haben.«[32]

Der alte Topos der Staatslehre, daß Demokratien nur bei Kleinstaaten möglich seien, hat sich anhand der Schweiz lange hartnäckig gehalten, obwohl er gerade vom amerikanischen Modell zunehmend falsifiziert wurde.

1848 spielte die Staatsformfrage bei der Rezeption des volksgewählten Präsidenten (vgl. Kap. III) eine gewisse Rolle, weil konservative Liberale, die Anhänger des orleanistischen Systems gewesen waren, bei der Suche nach einer möglichst getreuen republikanischen Nachbildung der konstitutionellen Monarchie auf Amerika verwiesen wurden. Tocqueville und seine Freunde wurden zur »proamerikanischen Partei par excellence«, weil sie keine Liebe zum legitimistischen Prätendenten Henri V empfanden und das orleanistische System ein so kurzes Experiment gewesen war, daß sie bereit waren, sich mit der Republik zu arrangieren. Der amerikanische Präsident als Ersatzkönig, ein Zweikammersystem und ein Veto der Exekutivspitze zur Mäßigung demokratischer Mehrheitsherrschaft waren die Trümpfe in der Hand dieser Gruppe.

- Anfangs hatten in vielen Ländern die *Radikalen* und *Sozialisten* positiv zum amerikanischen Modell gestanden. Als Mittermaier in der Paulskirche zu Frankfurt 1848 seine leidenschaftlich proamerikanische Rede hielt, kamen die Bravorufe nur von der Linken[33]. Auch in Frankreich kam es 1848 noch einmal zu Verbrüderungsszenen der Linken mit Amerika. Der amerikanische Botschafter Richard Rush hatte ohne Instruktionen aus Washington die provisorische Regierung der Zweiten Republik anerkannt. Am 28. Februar begab er sich ins »Hôtel de ville« und sprach zu der provisorischen Regierung, während draußen das Volk rief: »Es lebe die Republik der Vereinigten Staaten!«[34] Präsident Polk billigte später diesen eigenmächtigen Schritt des amerikanischen Repräsentanten in Frankreich, und Secretary of State James Buchanan informierte Rush darüber, nicht ohne allerlei gute Ratschläge für die neue Republik. Wie 1789 zeigte sich wiederum eine gewisse Sorge der amerikanischen Politiker vor der französischen Barrikadenromantik. Die Instruktionen enthielten eine Warnung vor revolutionären Kriegen und den Ratschlag, das föderative System zu übernehmen[35].

Diese Ermahnungen paßten ganz zu dem konservativen Bild, das auch radikale Italiener um diese Zeit gewannen. Zu ihrem Erstaunen zeigten die amerikanischen Politiker wenig Begeisterung über die italienischen Republiken, die durch Barrikadenkämpfe zustande gekommen waren[36].

1848 erweist es sich vielfach, daß der rhetorische Vorrat an republikanischen Gemeinsamkeiten zwischen Amerika und Frankreich, der in Sonntagsreden eine große Rolle gespielt hatte, inzwischen weitgehend aufgebraucht war. Die Linke hat über die anfängliche Begeisterung über die amerikanische Unterstützung hinaus Amerika nicht als Vorbild anerkannt. Tief saß das Vorurteil, daß das amerikanische Modell nur für föderative Staaten tauge, der Föderalismus aber mit den jakobinischen Ideen der »*nation une et indivisible*« nicht vereinbar sei. Eine Minderheit von 10 Linken hat sich in den Verfassungsdebatten für das amerikanische Modell, eine Mehrheit von 11 Abgeordneten gegen dieses ausgesprochen[37]. Radikale und Sozialisten sind dabei noch zusammengezählt worden. Das Ergebnis verdeckt daher, daß die Sozialisten in der Linken eher noch größere Vorbehalte gegen den amerikanischen Konstitutionalismus nährten als die radikalen Republikaner.

Die Zeiten waren vorbei, als für die Frühsozialisten Amerika positiv besetzt war, als reiches Experimentierfeld radikaler religiöser und politischer Sekten, in der Visionen des Sozialismus im kleinen ausprobiert werden konnten. Das Bild einer hemmungslosen Erwerbsgesellschaft begann auch bei den Sozialisten die Kommunarden-Idylle zu überlagern. Marx und Engels, die den entschiedensten Anspruch erhoben, den Sozialismus von der Utopie zur Wissenschaft zu entwickeln, räumten auch am entschiedensten mit verklärenden Bildern von Agrarkommunen in Amerika auf.

Für Marx und Engels war Amerika das Land, dessen Kapitalismus einen rasanten Aufstieg nahm. Bis zum Bürgerkrieg wurde Amerikas Ökonomie noch vielfach als Anhängsel des europäischen Kapitalismus interpretiert. Marx war einer der ersten, der den ökonomischen Aufstieg – nicht die sozialen Folgeerscheinungen – zur Grundlage seiner Analyse machte. Überstürzte kapitalistische Entwicklung hätte theoretisch auch einen Aufstieg der revolutionären Arbeiterklasse bedeuten können. In diesem Punkt blieben Marx und Engels jedoch ambivalent. Den Transfer der Internationale von Europa nach New York kann man nicht als Glauben an das revolutionäre Modell Amerika deuten. Er war ein taktischer Schachzug, um sich im Fraktionskampf der internen

Gegner in Europa zu entledigen[38]. Amerikas revolutionäres Potential wurde ambivalent eingeschätzt aus der Erfahrung, daß sich viele europäische Sozialisten nach dem Sprung über den Ozean entradikalisierten. Engels schrieb an Joseph Weydemeyer in Zürich 1891:

»In New York ist übrigens sehr viel zu tun, und ein ordentlicher Repräsentant unserer Partei, der auch theoretisch gebildet ist, fehlt dort sehr. Du wirst Elemente genug vorfinden, Dein größtes Hindernis wird aber sein, daß die brauchbaren Deutschen, die etwas wert sind, sich leicht amerikanisieren und alle Absicht auf Rückkehr fahrenlassen; und dann kommen eben die besonderen amerikanischen Verhältnisse in Erwägung, die Leichtigkeit des Abflusses der Überbevölkerung aufs Land, die notwendig rasch und rascher steigende Prosperität des Landes, die ihnen die bürgerlichen Verhältnisse als beau idéal erscheinen lassen usw.«[39]

»Amerikanismus« wurde zum Bedauern von Marx und Engels häufig zum Surrogat für »Sozialismus«[40]. Marx kämpfte unermüdlich gegen den Amerikanismus mit der Auffassung, die bürgerliche Gesellschaft könne ohne Klassenkämpfe entwickelt werden, wie sie C. H. Carey vertrat, den er immerhin den »einzig bedeutenden nordamerikanischen Ökonomen« nannte. Marx hingegen erklärte den Mangel an Klassenkämpfen zunächst noch aus der Unterentwicklung des Landes:

»Er (Carey) beweist natürlich nur, daß die ›unentwickelten‹ Verhältnisse in den Vereinigten Staaten ihm für ›Normalverhältnisse‹ gelten.«[41]

Je rascher sich Amerika entwickelte, um so mehr entsprach es den eigenen Prognosen in den sozialen Folgen. Hauptproblem der Marxschen Analyse blieb jedoch, daß »Klasse an sich« – die objektive Klassenlage – in Amerika noch weniger als in Europa sich in »Klasse für sich«, in subjektives Klassenbewußtsein, umsetzte. 1872 hat Marx in einer Rede an den Generalrat die USA neben Großbritannien – aus Höflichkeit fügte er Holland hinzu, weil die

Tagung in Den Haag stattfand – die einzigen Länder genannt, in denen die Möglichkeit eines friedlichen Übergangs zum Sozialismus nicht ausgeschlossen war[42]. Aber konfliktfrei war auch dieser Übergang nicht gedacht. Gegen die Bewegung von Henry George wurde erneut jeder Versuch bekämpft, das Wachstum von Klassenantagonismen in Amerika zu leugnen[43].

Nach Marxens Tod mußte Engels immer wieder die steigenden revolutionären Erwartungen dämpfen. Er stellte 1881 fest, daß die amerikanischen Arbeiter noch immer nicht bereit seien, sozialistische Literatur zu lesen[44]. 1886 erklärte er dies mit »schwierigen Lernprozessen«:

> »In einem so naturwüchsigen Land wie Amerika, das ohne alle feudale Vergangenheit rein bürgerlich sich entwickelt hat, dabei aber einen ganzen Haufen aus der Feudalzeit überkommene Ideologie unbesehn mit aus England übernommen, als da ist englisches gemeines Recht, Religion, Sektentum, und wo die Notdurft des praktischen Arbeitens und Kapitalskonzentrierens eine allgemeine, erst jetzt in den gebildetsten Gelehrtenständen abkommende Verachtung aller Theorie erzeugt hat – in einem solchen Land müssen die Leute über ihre eigenen gesellschaftlichen Interessen dadurch ins klare kommen, daß sie Böcke über Böcke machen. Das wird auch den Arbeitern nicht erspart bleiben, die Konfusion der Trades Unions, Sozialisten, Knights of Labor uw. wird noch einige Zeit vorangehn, und erst aus Schaden werden sie klug werden. Aber die Hauptsache ist, daß sie in Bewegung gekommen sind, daß es überhaupt vorangeht, daß der Bann gebrochen ist, und rasch wird's auch gehn, rascher als irgendwo anders, wenn auch auf einem aparten, vom theoretischen Standpunkt aus fast verrückt scheinenden Weg.«[45]

Die Selbstbeschwichtigung nahm nicht immer überzeugende Formen an. Engels hoffte auf Zick-Zack-Bewegungen, in denen es nach quietistischen Perioden um so heftigere revolutionäre Zuspitzungen geben werde[46]. War einst die rasche Amerikanisierung der europäischen Emigranten für Fehlschläge verantwortlich gemacht worden, wurde nun der zum Teil in Europa geborenen

Führung von Partei und Gewerkschaften Unfähigkeit vorgeworfen, sich in amerikanische Bedürfnisse hineinzudenken. Vor allem die deutsch-amerikanischen Sozialisten haben nach Engels die Marxsche Theorie zur starren Orthodoxie verkommen lassen. Daher blieben sie Sekten »und kommen, wie Hegel sagt, von nichts, durch nichts, zu nichts«[47]. Engels warnte vor allem vor voreiligen Experimenten mit dritten Parteien und bewies damit eine gewisse Einsicht in das Funktionieren des Systems.

Die ambivalente Haltung zu Amerika zwischen Kritik und Hoffnung war in der Linken weit verbreitet. Erst mit Sombarts Erklärung, warum es keinen Sozialismus in Amerika gebe, hörten die Hoffnungen in der kontinentalen Arbeiterbewegung auf eine revolutionäre Entwicklung Amerikas endgültig auf[48]. Wenn man Lowis spätere Erklärung des »Nichtereignisses« einer sozialistischen Bewegung mit der Fragmentierung des Landes durch den Föderalismus für stichhaltig hält[49], waren die Sozialisten in ihrer Aversion gegen zu viel Föderalismus schon damals gut beraten. Sie interessierten sich naturgemäß weniger für Föderalismus, checks and balances und richterliche Normenkontrolle als die bürgerlichen Theoretiker. Dennoch gab es gerade in der deutschen Linken einen Philo-Amerikanismus, der bis tief in die USPD reichte. Erst am Ende des Ersten Weltkrieges geriet er in eine Krise in dem Maße, wie die Amerika-Phobie der deutschen Rechten abnahm[50]. Bedeutung hatte dieses positive Amerikabild der Linken jedoch nicht, da der Einfluß der Sozialisten bis 1914 in fast allen Ländern – außer in Italien und in Frankreich – relativ begrenzt war. 1917 ging die Suche nach einem Modell bei der extremen Linken nach Osten. Rußland wurde dieses Modell. Auf Amerika fiel nur indirekt durch ein paar lobende Worte ein Schimmer von diesem roten Glanz, mit denen Lenin sogar die Übernahme des amerikanischen Taylor-Systems rechtfertigte[51].

Aber auch die gemäßigte Linke, die das sowjetische Modell nicht akzeptierte, wandte sich ab von Amerika und war vor allem vom Scheitern der Neuordnungspolitik Wilsons und vom Neo-Isolationismus enttäuscht, Fakten, über die sich die Rechte hingegen eher freute. Das Amerikabild begann sich langsam umzukehren, ein Trend, der nach dem Zweiten Weltkrieg seinen Höhepunkt finden sollte.

Nach dem Scheitern der Hoffnungen von 1848 und der neuen Systeme in Deutschland schon 1849, in Frankreich 1851, hatte Amerika geringe Modellwirkung bei späteren Prozessen der Verfassungsgebung. Das gilt sowohl für das Deutsche Reich, das sich 1871 konstituierte, als auch für die Dritte französische Republik. Der Sezessionskrieg hatte das Amerikabild der Linken verdüstert. Der »häßliche Amerikaner« war nicht das Ergebnis, das man sich von der Parteinahme der Linken für Lincoln und den Norden versprochen hatte. Der äußerst verlustreiche Bürgerkrieg schockierte selbst in der Schweiz, wo man ebenfalls einen Bürgerkrieg hinter sich hatte, aber einen von »humaneren« Dimensionen. Voller Abscheu wurden in der Schweizer Literatur die 78 Toten des Schweizer Sonderbundkrieges von 1847 einer halben Million Toten im amerikanischen Bürgerkrieg gegenübergestellt[52]. Erst nach dem Ersten Weltkrieg, als viele Staaten sich neu konstituierten, gab es wieder eine Diskussion von politischem Einfluß über das amerikanische Modell.

3. Nach dem Ersten Weltkrieg kam es zu indirekten, nach dem Zweiten Weltkrieg zu direkten Einflüssen des Modells der amerikanischen Demokratie. Wie 1848 in Frankreich waren in Deutschland und Finnland, wo semi-präsidentielle Systeme mit einem volksgewählten Präsidenten geschaffen wurden (vgl. Kap. II), keine direkten Anleihen beim Modell Amerika gemacht worden. Man suchte wiederum ein funktionales Äquivalent für die gestürzten Monarchen und mußte sich dabei auch mit dem amerikanischen Modell beschäftigen. Im ganzen verblaßte das amerikanische Modell rasch, andererseits wurde das Verhältnis zu Amerika etwa in der Weimarer Zeit emotionsfreier – abgesehen von der extremen Linken und Rechten. Amerika hatte aufgrund seines Isolationismus wenig Einfluß. Ernst Fraenkel schilderte die Lage treffend:

> »Es gab damals in Deutschland eine pro- und antirussische Strömung ... es gab anti-englische ›Kontinentalpolitiker‹ und pro-englische Anti-Bolschewisten; es gab Pan-Europäer und Frankreich-Hasser. Die Einstellung zu USA besaß hingegen keine gruppenbildende Kraft.«[53]

Der Europazentrismus wurde erstmals in Frage gestellt, weniger in Frankreich als in den mitteleuropäischen Ländern, die den Krieg verloren hatten.

Die große Stunde des Modells »Amerika« schien nach dem *Zweiten Weltkrieg* zu kommen. Ultrademokratische Verfassungen wie die der Weimarer Republik oder der Zweiten Republik in Spanien waren gescheitert, unter anderem, weil sie zu wenig »checks und balances« gegen Machtkonzentrationen eingebaut hatten. Schien die amerikanische Demokratie nicht ein sichereres Modell für die Zukunft? Die Sowjets haben in ihrem Einflußbereich ohne Bedenken ihr eigenes Modell aufgepropft. In Bulgarien oder Rumänien wurde damit nur eine Diktatur durch eine andere Form abgelöst. Aber in der Tschechoslowakei oder in der DDR wurden damit ältere demokratischere Verfassungstraditionen überlagert. Schien das nicht ein weiterer Grund zu sein, daß auch die Amerikaner ihr Modell bei den Besiegten forcieren mußten?

Im Lichte solcher Sachzwänge wird man sagen können, daß Amerika sein Modell erstaunlich wenig lanciert hat. Man forcierte den Prozeß der Säuberung des Regierungsapparats von Kriegsverbrechern und organisierte »*reeducation*«, vor allem in Deutschland. Der Erfolg war eher begrenzt, und die Rechten höhnten über die »Charakterwäsche«[54]. Aber auch die Linke übte Kritik an der amerikanischen Politik und verunglimpfte das amerikanische Modell:

> »Die amerikanische Verfassung hat fremden Ländern niemals als Vorbild gedient; sie wurde nur von einigen Nationen übernommen, weil die Vereinigten Staaten in der Lage waren, sie zu oktroyieren. Der erste Fall dieser Art ist der der Philippinen (1899), und zu den letzten, die in die Zeit nach dem Zweiten Weltkrieg fallen, gehört der Japans und der Bundesrepublik Deutschland. Freiwillig wurde die Verfassung nur von mehreren lateinamerikanischen Staaten übernommen, jedoch mit dem Erfolg, daß sich der Verfallsprozeß noch schneller vollzog als in den Vereinigten Staaten selbst. Allein die präsidentielle Gewalt, die häufig diktatorische Formen annahm, blieb von dem Vorbild übrig.«[55]

Dieser Satz ist durch keinerlei Sachkenntnis getrübt, vor allem im ersten Teil. Es wurden die Einflüsse der Amerikaner auf die verfassunggebenden Prozesse der besiegten Länder schlicht mit der imperialistischen Politik Amerikas in den Philippinen verglichen, obwohl dieser Fall atypisch war und mit schlechtem Gewissen als »episodische Entgleisung« betrachtet wurde[56]. Angesichts der Macht Amerikas ist es eher verwunderlich, daß 1945 nicht stärker zugunsten des eigenen Modells interveniert wurde. In Italien war der Einfluß Amerikas minimal, in Japan hat man den Wunsch nach Erhaltung des Kaisertums respektiert und damit den Oktroi eines präsidentiellen Systems ausgeschlossen. In Deutschland hat die Besatzungsmacht nur zugunsten des Föderalismus interveniert, um eine hypertrophe Machtzusammenballung auf nationaler Ebene für die Zukunft zu verhindern. Wichtige Anleihen beim amerikanischen Modell im Bereich von Föderalismus und richterlicher Normenkontrolle waren nicht Oktroi, sondern hatten auch einheimische Wurzeln – mit Ausnahme von Japan.

Einer voll demokratischen Ausübung der »verfassunggebenden Gewalt des Volkes« mit Billigung des Verfassungsentwurfs durch das Volk – wovon die Franzosen sogar mit einem »Nein« in der ersten Runde Gebrauch machten – haben die Amerikaner bei den Besiegten nicht das Wort geredet. Zweifellos wurde in Japan und Westdeutschland die Verfassungsarbeit ohne Transparenz und mit großer Zeitnot durchgepeitscht. Kein Wunder, daß die »OMGUS-Surveys« in Deutschland nur 60 % Zustimmung zu der Verfassungsarbeit in der Bevölkerung registrieren konnten[57]. Dennoch setzte sich der demokratische Makel der Entstehung der beiden Systeme nicht in breite Ablehnung der neuen Ordnung um. In Deutschland war der Konsens gemessen am Stimmanteil der verfassungstragenden Parteien sogar größer als beim Kaiserreich oder der Weimarer Republik[58].

Die Intervention der Alliierten in den Verfassungsprozeß in den drei deutschen Westzonen wurde durch Richtlinien ausgeübt (Londoner Abmachungen, Aide-mémoire vom November 1948 und das Memorandum vom März 1949). Die Intervention ging noch weiter als bei Errichtung der Länderverfassungen. Kurt Schumacher und die SPD wurden nicht müde, diese Intervention anzuprangern. Die alliierten Empfehlungen waren recht allgemein gehalten und stimmten – im Gegensatz zu Japan – überwiegend mit deutschen Mehrheitsauffassungen überein. Der rigide Zeitplan war in beiden Ländern ein Gravamen. In Deutschland führte er zur Schaffung von vollendeten Tatsachen gegenüber den Sowjets und der SBZ. In Japan hat MacArthur für seine eigenwillige Bevormundung der Regierung nach der Zurückweisung eines ersten Entwurfes der Regierung Matsumoto durch Ausarbeitung eines Gegenentwurfes im Alliierten Hauptquartier das geheime Einverständnis zwischen Besatzungsmacht und Regierung mobilisieren können. Obwohl die japanische Regierung am Alliierten-Entwurf Kritik übte, nahm sie – gegen wenige Konzessionen MacArthurs, z. B. in der Frage der zweiten Kammer, die meisten der ihr fremden und unheimlichen Prinzipien an, weil man die Einmischung durch internationale »supervisory councils« fürchtete. Die unziemliche Eile und viele Konzessionen wurden den Japanern schmackhaft gemacht durch die Furcht, die Far Eastern Advisory Commission, die auch die Sowjetunion mit einschloß, könne auf eine republikanische Verfassung dringen und weitreichende Konzessionen erzwingen. Die Beibehaltung des Kaisertums war ja schon eine japanische Bedingung für die Kapitulation gewesen[59]. Zusätzlicher Druck wurde auf die Japaner ausgeübt, als Whitney, der engste Mitarbeiter MacArthurs – nach eigenem Eingeständnis ohne Autorisierung durch den Oberkommandierenden – drohte, den amerikanischen Verfassungsentwurf dem Volk zur Abstimmung vorzulegen[60].

Die Legende vom amerikanischen Oktroi in Deutschland konnte sich auf gelegentliche Äußerungen deutscher Politiker stützen. Diese aber waren aus taktischen Gründen gefallen, wie bei Carlo Schmid, der einmal behauptete, daß es gewisse Stellen des Grundgesetzes gäbe, »die uns aufgezwungen wurden«[61]. Militärgouverneur Lucius Clay hingegen berichtet über Carlo Schmid im Gegenteil, daß er »eine rigidere Haltung der Militärgouverneure erwartet hatte und hoffte, daß der Parlamentarische Rat in der Lage sein werde, unsere Kommentare rasch zu verarbeiten«[62].

Die amerikanische Politik zur Demokratisierung der beiden besiegten Länder war sehr unterschiedlich. In Japan wurden Pläne für eine Militärregierung fallen gelassen, Deutschland hingegen wurde einem rigiden Besatzungsregime unterworfen. In Deutschland waren eigene Initiativen nur auf Länderebene möglich, in Japan dagegen hat man die Implementation der Potsdamer Beschlüsse der zentralen Regierung überlassen. In beiden Ländern wurde der Prozeß der Verfassungsgebung von den Amerikanern forciert, um gegenüber den Sowjets vollendete Tatsachen zu schaffen. In Japan trickste MacArthur die Far Eastern Advisory Commission aus. Die Japaner schluckten auch unliebsame Einrichtungen, weil viele hofften, daß diese Verfassung nur ein Lükkenbüßer sein werde[63]. Erstaunlicherweise bezog sich die Revisionsbewegung später weniger auf die fremden Importe als auf den Artikel 9, in dem Japan auf Streitkräfte verzichtete, ein Artikel, der nicht auf MacArthur zurückging, sondern von einem japanischen Politiker stammt. Die Institution, die in der japanischen Tradition der größte Fremdkörper schien, nämlich die Verfassungsgerichtsbarkeit, wurde erstaunlich gut amalgamiert[64].

In Japan konnte MacArthur sich voll durchsetzen, in Deutschland hingegen konnten die Politiker für ihre Vorstellungen die alliierten Militärgouverneure gegeneinander ausspielen. Robertson war bereit, das Grundgesetz den Deutschen weitgehend zu überlassen, der französische Militärgouverneur König und Clay hingegen bemängelten am deutschen Entwurf den Zentralismus. Es gab Gerüchte, daß die britische Labourparty der SPD eine Unterstützungszusage für ihre starre Haltung gegeben hatte. In Japan war die alliierte Intervention ein hundertprozentiger Erfolg, in Deutschland ein völliger Mißerfolg. Ein deutsch-amerikanischer Politikwissenschaftler kam zu dem Schluß:

> »Die deutschen Politiker von 1949 schienen indes aus dem Weimarer Debakel mehr gelernt zu haben als die westlichen Besatzungsmächte, vor allem die Franzosen. Mit geradezu opportunistischer Geschmeidigkeit und einem Pragmatismus, die in der deutschen Politik völlig neu waren, überspielten sie die Interventionen der Besatzungsbehörden mit derselben Gewandtheit, mit der auch etwa die mehr föderalistisch eingestellten Gruppen sich ihrer zu bedienen wußten.«[65]

Der politische Sieg in Japan wurde jedoch von Japan-Kennern in Amerika als Pyrrhus-Sieg empfunden. Es kam eine kuriose Mischung des britischen und amerikanischen Modells heraus. »Britisch« mußten der Einkammerparlamentarismus und das Kabinettssystem sein, weil die Krone als symbolische Macht erhalten werden sollte. »Amerikanisch« hingegen wurde das Rechtssystem konzipiert – eine »Textbuch-Verfassung« wohlmeinender aber unvorbereiteter Beamter, die unter enormem Zeitdruck arbeiteten. Für das Einüben demokratischer Spielregeln war dieser Prozeß der Verfassunggebung nicht gerade vorbildlich:

> »Indem man den Japanern eine Verfassung aufdrängte, die den politischen Idealen oder der Erfahrung der großen Mehrheit der Bevölkerung fremd war, hat man wohl den langfristigen Interessen der Demokratie einen schlechten Dienst erwiesen. Anstatt eines Systems, das gegründet und ausgerichtet ist auf die sozialen, wirtschaftlichen und politischen Realitäten der japanischen Gesellschaft, wurde eine hohle, aber schön bemalte Fassade hastig zusammengestückelt, die nach der idealisierten Fassung anglo-amerikanischer Institutionen modelliert worden war. Das Ergebnis ist eine enorme Kluft zwischen politischer Tatsache und konstitutioneller Fiktion.«[66]

Trotz dieser Befürchtungen blieb das japanische System erstaunlich stabil.

Italien gelang es ab 1943, sich vom Kriegsgegner Amerikas zu einer Art »Gastsieger« zu mausern. Es gab daher kaum Ansatzpunkte für amerikanische Einmischung in den Prozeß der Verfassunggebung. Die Alliierte Kontrollkommission hatte 1944 verhindert, daß Beschlüsse eines »Nationalen Befreiungskomitees« (CLN) als Zusammenschluß aller antifaschistischen Parteien in Gegnerschaft zum Putsch-Kabinett Badaglio in die Tat umgesetzt wurden. Aber schon nach der Befreiung Roms im Juni 1944 gab sie ihren Widerstand auf und akzeptierte widerstrebend, daß der Präsident des CLN zum Regierungschef bestellt wurde[67]. Die Arbeit der verfassunggebenden Versammlung verlief ohne alliierte Einmischung. Die geistigen Einflüsse auf das Verfassungswerk blieben auf einige Anhänger des präsidentiellen Systems (vgl. Kap. III) und auf die Übernahme der Verfassungsgerichtsbarkeit beschränkt, die keine Wurzeln im italienischen Rechtssystem hatte (vgl. Kap. V)[68]. In den übrigen befreiten Ländern – selbst in Österreich – haben die Amerikaner das Modell »Amerika« nicht forciert. Angesichts der sich anbahnenden Rivalität mit dem Modell »Sowjetunion« entpuppten sich die Amerikaner im ganzen als der liberalste Sieger der neueren Geschichte. In keinem Land wurde das amerikanische Modell pauschal übernommen. Der Rezeptionsprozeß beschränkte sich auf einzelne Institutionen.

In der letzten Welle der Redemokratisierung Europas in den siebziger Jahren in Südeuropa spielte das Modell der amerikanischen Demokratie keine Rolle. Die neuen parlamentarischen Demokratien nahmen vielfältige Einflüsse auf und knüpften bewußt an nationale Verfassungstraditionen an wie in Griechenland 1974[69]. In Portugal entstand ein semi-präsidentielles System mit Elementen eines »sozialistischen Pluralismus«, für die Amerika kein Vorbild sein konnte[70]. In Spanien hat man sich am meisten Zeit zum Studium ausländischer Vorbilder genommen und erstaunlich akademische Debatten bei der Vorbereitung der Verfassung geführt[71]. Die alte Alternative Großbritannien oder Frankreich wurde durch vielfältigere Anleihen ausbalanciert. Sogar die Bundesrepublik Deutschland wurde in manchen Institutionen – etwa beim konstruktiven Mißtrauensvotum – als Vorbild genommen, und selbst bei der Verfassungsgerichtsbarkeit haben die europäischen Modelle Deutschlands, Italiens und Österreichs direkteren Einfluß gehabt als das amerikanische Urmodell.

Anmerkungen

1 Richard Price: Observations on the Nature of Civil Liberty, the Principles of Government, and the Justice and Policy of the War with America. London 1776 (Scholar's Reprints, Delmar, New York 1976), S. 98.
2 Marx Engels Werke (MEW), Berlin (Ost), Dietz, 1966, Bd. 34, S. 374.
3 Erwin Hölzle: Rußland und Amerika. Aufbruch und Begegnung zweier Weltmächte. Reinbek, Rowohlt, 1961, S. 19f.; Dieter Groh: Rußland und das Selbstverständnis Europas. Neuwied, Luchterhand, 1961, S. 138ff.
4 Oswald Spengler: Jahre der Entscheidung. München, Beck, 1953, S. 52; Hermann Graf Keyserling: Amerika – der Aufgang einer neuen Welt. Stuttgart, DVA, 1930, S. 78ff.

5 Sidney & Beatrice Webb: The Truth About Soviet Russia. London, Longmans Green & Co, 1942, S. 16.

6 Works of John Adams (Hrsg.: Charles Francis Adams). Boston 1851, Bd. V, S. 294.

7 Bernard Fay: L'esprit révolutionnaire en France et aux États Unis à la fin du XVIIIe siècle. Paris 1924, S. 102; Otto Vossler: Die amerikanischen Revolutionsideale in ihrem Verhältnis zu den europäischen, untersucht an Thomas Jefferson. München, Oldenbourg, 1929, S. 53.

8 Francis J. Grund: Aristocracy in America. From the Sketchbook of a German Nobleman (London 1839), Reprint, Gloucester/Mass., Peter Smith, 1968, S. 244.

9 Miss Martineau: De la société américaine. Brüssel 1838, S. 11.
Max Berger: The British Traveller in America, 1836–1860. Gloucester/Mass., Peter Smith, 1964, S. 94.

10 René Rémond: Les Etats-Unis devant l'opinion française. 1815–1852. Paris, Colin, 1962, Bd. 2, S. 660f.; Donald C. McKay: The United States and France. Cambridge/Mass., Harvard UP, 1951, S. 80.
Zum folgenden: Charles D. Hazen: Contemporary American Opinion of the French Revolution. Baltimore, Johns Hopkins Press, 1897, S. 282ff.

11 Friedrich Schlegel: Philosophie der Geschichte. In: Sämmtliche Werke. Wien 1846, Bd. 14, S. 226.

12 Joseph Priestley: Letters to the R. H. Edmund Burke (1791). Reprinted in: The Theological and Miscellaneous Works of Joseph Priestley. New York (Kraus Reprint) Bd. 22, S. 147.

13 Friedrich von Gentz: Der Ursprung und die Grundsätze der Amerikanischen Revolution, verglichen mit dem Ursprung und den Grundsätzen der Französischen. In: Historisches Journal, 2 Jg. Juni 1800. Berlin (101–128), gekürzt in: Ernst Fraenkel: Amerika im Spiegel des deutschen politischen Denkens. Köln/Opladen, Westdeutscher Verlag, 1959, S. 79–81.

14 Nachweise in: Reinhart Koselleck: Revolution. In: Otto Brunner u. a. (Hrsg.): Geschichtliche Grundbegriffe. Historisches Lexikon zur politisch-sozialen Sprache in Deutschland. Stuttgart, Klett-Cotta, 1984, Bd. 5 (653–788), S. 724.

15 Revolution in: Rotteck/Welcker: Staatslexikon. Altona, Hammerich, 1841, Bd. 13 (722–740), S. 724.

16 Johann Christoph Schmohl: Über Nordamerika und Demokratie. Kopenhagen (tatsächlich Königsberg) 1782, S. 62f. Herbert P. Gallinger: Die Haltung der deutschen Publizistik zu dem amerikanischen Unabhängigkeitskriege, 1775–1783. Diss. Leipzig, 1900, S. 77; ähnlich für Belgien: Thomas K. Gorman: America and Belgium. A Study of the Influence of the United States upon the Belgian Revolution of 1789–1790. London, F. Fisher Unwin, 1925, S. 269.

17 George G. Bancroft: History of the United States. Boston 1879, Bd. 3, S. 10f.

Clinton Rossiter: Seedtime of the Republic. New York 1953, S. 352ff.; George Bancroft: Geschichte der Vereinigten Staaten von Nordamerika. Leipzig, Wigand, 1852, Bd. 4, S. 11.

18 R. R. Palmer: The Age of the Democratic Revolution. Princeton UP, 1959, Bd. 1, S. 188; Karl-Heinz Röder: Das politische System der USA. Geschichte und Gegenwart. Berlin (Ost), Staatsverlag der DDR, 1980, S. 32.

19 Hannah Arendt: Über die Revolution. München, Piper, 1965, 2. Aufl. 1974, S. 27, 164ff. (On Revolution. New York, Harcourt & Brace, 1963, Chapter 3); Dolf Sternberger: Drei Wurzeln der Politik. Frankfurt, Insel, 1978, S. 403; Ghita Ionescu: Politics and the Pursuit of Happiness. London, Longman, 1984, S. 28.
Über den Jefferson-Schwindel aus psychologischer Sicht Paul Watzlawick: Gebrauchsanweisung für Amerika. München, Piper, 1984, 8. Aufl., S. 136.

20 Alexis de Tocqueville: De la démocratie en Amérique. Paris (Oeuvres complètes, Bd. 1), Gallimard, 1961, S. 14.

21 Karl Salomo Zachariä: Vierzig Bücher vom Staate. Heidelberg, Winter, 1839, Theil 3, S. 219ff.

22 Murhard: Nordamerikanische Verfassung in: Rotteck/Welcker: Staats-Lexikon, op. cit., Bd. 11 (381–465), S. 412.

23 L. L. Matthias: Die Kehrseite der USA. Reinbek, Rowohlt, 1964, S. 21ff.

24 Ralph Barton Perry: Puritanism and Democracy. New York 1944, Kapitel 8,6.

25 Ernst Fraenkel: Das amerikanische Regierungssystem. Köln, Westdeutscher Verlag, 1962, S. 37.

26 Heinrich von Treitschke: Politik. Leipzig, Hirzel, 1898, Bd. 2, S. 272.

27 Manfred Hennigsen: Der Fall Amerika. Zur Sozial- und Bewußtseinsgeschichte einer Verdrängung. Das Amerika der Europäer. München, List, 1974, S. 76ff.

28 Carl J. Friedrich: The Impact of American Constitutionalism Abroad. Boston UP 1967, S. 4; Actas de las Cortes des Cádiz. Hrsg. Enrique Tierno Galván. Madrid, Taurus, 1964, Bd. 2, S. 549.

29 Rémond, op. cit., S. 660ff., 720.
Zachariae, op. cit., S. 215.

30 J. J. Rüttimann: Das nordamerikanische Bundesstaatsrecht, verglichen mit den politischen Einrichtungen der Schweiz. Zürich, Orell & Füssli, 1867, Teil 1, S. 16.

31 Eugene Newton Curtis: The French Assembly of 1848 and the American Constitutional Doctrines. New York, Columbia University, PhD Dissertation, 1917, S. 146.

32 Chateaubriand: Mémoires d'outretombe. Paris, Flammarion, Bd. 1, 1982 (Buch 8, Kap. 11), 1982, S. 351; G. W. F. Hegel: Die Vernunft in der Geschichte. Hamburg, Meiner, J. Hoffmeister (Hrsg.) 1955, 5. Aufl., S. 20.

33 Franz Wigard (Hrsg.): Stenographischer Bericht über die Verhandlungen der deutschen constituirenden Nationalversammlung zu Frankfurt am Main. 1848, Bd. 5, S. 3616, Sp. 1.
34 Rémond, op. cit., S. 833; Curtis, op. cit., S. 69ff.
35 Curtis, op. cit., S. 79.
36 Andrew J. Torrielli: Italian Opinion on America as revealed by Italian Travellers, 1850–1900. Cambridge/Mass., Harvard UP, 1941 (New York, Kraus Reprint, 1969, S. 48).
37 Curtis, op. cit., S. 147.
38 Klaus von Beyme: Karl Marx and Party Theory. Government and Opposition. 1985, S. 70–87.
39 MEW, Bd. 27, S. 577; Alexander Trachtenberg (Hrsg.): Letters to Americans. 1848–1895. New York, 1953, S. 25f.
40 Robert Lawrence Moore: European Socialists and the American Promised Land. New York, Oxford UP, 1970, S. 5.
41 MEW, Bd. 28, S. 507; Trachtenberg, op. cit., S. 44f.
42 MEW, Bd. 18, S. 160.
43 MEW, Bd. 35, S. 200 (Brief an Sorge 20. 6. 1881).
44 MEW, Bd. 36, S. 505 (Brief an Kelley-Wischewetzky 13. 8. 1886).
45 MEW, Bd. 36, S. 533.
46 MEW, Bd. 36, S. 689; Bd. 38, S. 313 (Trachtenberg, op. cit., S. 242f.).
47 MEW, Bd. 39, S. 249 (an Sorge 12. 5. 1894); Trachtenberg, op. cit., S. 263.
48 Werner Sombart: Warum gibt es in den Vereinigten Staaten keinen Sozialismus? Tübingen, Mohr, 1906.
49 Theodore J. Lowi: Why is There no Socialism in the United States? A Federal Analysis. In: IPSR, 1984, S. 369–380.
50 Fraenkel, op. cit., S. 41.
51 V. I. Lenin: Die nächsten Aufgaben der Sowjetmacht. In: Ausgewählte Werke. Berlin (Ost), Dietz, 1966, Bd. 2, S. 753.
52 Eduard His: Amerikanische Einflüsse im Schweizerischen Verfassungsrecht. In: Festgabe der Basler Juristenfakultät und des Basler Juristenvereins zum Schweizerischen Juristentag. Basel, Helbing & Lichtenhahn, 1920 (81–110), S. 110; Myron Luehrs Tripp: Der schweizerische und der amerikanische Bundesstaat. Zürich, Polygraphischer Verlag, 1942, S. 58.
53 Fraenkel, op. cit., S. 44; Walter Sommer: Die Weltmacht USA im Urteil der französischen Publizistik 1924–1939. Tübingen, Mohr, 1967, S. 219ff.
54 Caspar Schrenck-Notzing: Charakterwäsche. Stuttgart, Seewald, 1965, insbes. S. 221.
55 Matthias, op. cit. (Anm. 21), S. 21, Zur Kritik des linken Anti-Amerikanismus: Hartmut Wasser: Die USA – der unbekannte Partner. Paderborn, Schöningh, 1983, S. 331.
56 Knud Krakau: Missionsbewußtsein und Völkerrechtsdoktrin in den Vereinigten Staaten von Amerika, Frankfurt, Metzner, 1967, S. 176.

57 Anna J. Merritt/Richard L. Merritt (eds.): Public Opinion in Occupied Germany. The OMGUS-Surveys 1945–1949. Urbana University of Illinois Press, 1970, S. 307.

58 Für Japan: John M. Maki: Government and Politics in Japan. The Road to Democracy. New York, Praeger, 1962, S. 77.

59 Hans H. Baerwald: Japan's Parliament. Cambridge UP, 1974, S. 9.

60 Courtney Whitney: MacArthur, His Rendezvous with History. New York, Knopf, 1956, S. 251 ff.; T. Ogushi: Die japanische Verfassung vom 3. November 1946. Jahrbuch des öffentlichen Rechts. Tübingen, Mohr, 1956, S. 302; Theodore H. McNelly: Domestic and International Influence on Constitutional Revision in Japan 1945–1946. New York, Columbia UP, PhD Diss. 1952.

61 Documents on the Creation of the German Federal Constitution. US Militärregierung, Abteilung für Zivilverwaltung. Berlin, 1949, S. 78. Zum Einfluß auf die Länderverfassungen: Annette Zimmer: Demokratiegründung und Verfassunggebung in Bayern. Die Entstehung der Landesverfassung von 1946. Diss. Heidelberg, 1985, S. 449.

62 Lucius D. Clay: Decision in Germany. Garden City, Doubleday, 1950, S. 422.

63 Kaoru Matsumoto: The question of constitutional revision in Japan. In: Karl Dietrich Bracher u. a. (Hrsg.): Die moderne Demokratie und ihr Recht. Festschrift für Gerhard Leibholz zum 65. Geburtstag. Tübingen, Mohr, 1966, Bd. 2 (851–876), S. 852.

64 Kazahiro Hayashida: Constitutional Court and Supreme Court of Japan, ebd., Bd. 2 (407–426), S. 421.

65 Peter H. Merkl: Die Entstehung der Bundesrepublik Deutschland. Stuttgart, Kohlhammer, 1969, 2. Aufl, S. 141; The Origin of the Westgerman Republic. New York, Oxford UP, 1953.

66 Robert E. Ward: The Origins of the Present Japanese Constitution. APSR, 1956 (980–1110), S. 1010.

67 Piero Calamandrei: Costruire la democrazia. Premesse alla costituente. Florenz o. J. (1945), S. 35f.

68 vgl. Roberto Ruffili: Cultura politica e partiti nell' età della costituente. Bologna, Il Mulino, 1979, 2 Bde.

69 Ioannis Kassaras: Die griechische Verfassung von 1975. Heidelberg, v. Decker/Schenck, 1983, S. 12.

70 vgl. Rainer Eisfeld: Sozialistischer Pluralismus in Europa. Ansätze und Scheitern am Beispiel Portugal. Köln, Verlag Wissenschaft und Politik, 1984, S. 152 ff.

71 Luis Sánchez-Agesta: Sistema político de la constitución española de 1978. Madrid, Editora Nacional, 1980, S. 60.

II. Das präsidentielle Regierungssystem

a) Die Entstehung des Begriffs »Präsidentielles Regierungssystem«

Das präsidentielle Regierungssystem wurde erst relativ spät in der Lehre der Herrschaftsformen als Regierungsform sui generis gewürdigt. Solange die klassische Einteilung der Staatsformen vorherrschte, wurde das amerikanische System als Variante der Republik angesehen, die nicht näher nach dem Verhältnis der Gewalten gekennzeichnet wurde. Erst als das Bedürfnis bestand, die vorherrschende Regierungsform der konstitutionellen Monarchie zu unterteilen, um so verschiedene Systeme wie Großbritannien, die Julimonarchie oder Preußen zu unterscheiden, wandte man auch der Klassifikation der Republiken stärkere Aufmerksamkeit zu. Die Frage nach dem Ursprung des Staatsoberhauptes, die der Zweiteilung von Republiken und Monarchien zugrunde lag, trat hinter der Frage nach dem Verhältnis der wichtigsten Gewalten in einem System in den Hintergrund. Erst um die Mitte des 19. Jahrhunderts setzte sich die Sonderung der repräsentativen Verfassungen nach dem stärksten oder auffälligsten Organ durch. Die Herausbildung des Begriffes »Parlamentarische Regierung« war für diese Entwicklung bahnbrechend. Noch immer tauchte zuweilen die Behauptung auf, die Bezeichnung »präsidentielles Regierungssystem« sei irreführend, da Kongreß und Präsident als gleichwertige und unabhängige Institutionen gedacht waren, die bis ins 20. Jahrhundert einen Kampf um Vorrang mit wechselndem Erfolg geführt haben. Carl Joachim Friedrich hat in seiner Einteilung von 13 »Herrschaftsformen« dieser Dualität durch die Bezeichnung »präsidentiell-congressionales Regierungssystem« Rechnung getragen[1]. Manche Betrachter fühlten sich irritiert durch die Vielzahl der Bezeichnungen, die man für das amerikanische System verwandt hat. Die Bezeichnung »presidential government« stand lange neben der These, es herrsche ein »congressional government«.

Die Bezeichnung »präsidentielles System« konnte nicht entstehen, solange der Congress als die stärkste Einrichtung im System galt. Noch Tocqueville – der die Erstarkung des Präsidentenamts unter Jackson mit Unbehagen analysierte – hat behauptet: »Die vorherrschende Macht liegt in der gesamten Volksrepräsentation.«[2] Nach dieser Auffassung wäre die später polemisch gemeinte Bezeichnung »congressional government« keineswegs diskriminierend erschienen. Man könnte überspitzt sagen: Während der Ausdruck »parlamentarische Regierung« nach der zweiten englischen Parlamentsreform 1867 bereits fragwürdig wurde und das britische System auf dem Höhepunkt der Verbreitung dieser Bezeichnung aus der »parlamentarischen Regierung« im wörtlichen Sinne wieder herausgewachsen war, ist das »präsidentielle System« erst im 20. Jahrhundert in den Aussagegehalt der Bezeichnung hineingewachsen. Erst im 20. Jahrhundert wurde der Präsident – mit wenigen Unterbrechungen – zur stärksten Gewalt des Systems.

Zu den ersten Publizisten im Ausland, die vom präsidentiellen System sprachen, gehörten Bagehot und Mohl. Mohl stellte in seiner »Enzyklopädie der Staatswissenschaften« die »präsidentielle Regierung« der »Direktoriumsregierung« und der »Versammlungsregierung« gegenüber[3]. 1860 hatte Mohl in seinem Aufsatz über »Die Bestellung der ausübenden Gewalt in der repräsentativen Demokratie« noch eine andere Unterscheidung getroffen. Er sonderte Systeme, in denen die Versammlung die Regierungsgeschäfte selbst ausübt (Versammlungsregierung), die Direktoriumsregierung nach Schweizer Vorbild und Systeme, in denen die Exekutive einem einzelnen übertragen war. Ein zusammenfassender Name für diese Systeme fehlte zu dieser Zeit noch, und er subsumierte unter diese dritte Gruppe – nicht ganz zutreffend – die Verfassung Amerikas und die der Zweiten französischen Republik[4], obwohl er in einer Würdigung der französischen Verfassung von 1848 den semi-parlamentarischen Charakter dieses Systems klar herausgearbeitet hatte[5]. In einem Aufsatz über »Die Weiterentwicklung des demokratischen Principes im nordamerikanischen Staatsrechte« gebrauchte Mohl ebenfalls nur den Oberbegriff »repräsentative Demokratie«. Die Aufnahme des Begriffes »präsidentielles Regierungssystem« bei Mohl – dem größten Kenner der internationalen Publizistik seiner Zeit – kann vermutlich als typisch für die terminologische Entwicklung angesehen werden. Während die Bezeichnung »parlamentarische Regierung« in den 30er und 40er Jahren weitere Verbreitung erlangte, setzte sich die Bezeichnung »präsidentielles System« erst Ende der 60er Jahre durch.

Man hat versucht, die »dualistischen Systeme« zu einer Gruppe von Regierungsformen zusammenzufassen, dabei erschien das präsidentielle System als der »nächste Verwandte« der konstitutionellen Monarchie, der Direktoriumsregierung und der lateinamerikanischen Form des Präsidenten im Ministerrat[6]. Die Konstatierung der engen Verwandtschaft zwischen konstitutioneller Monarchie und präsidentiellem Regierungssystem ist unter genetischem Blickpunkt zweifellos gerechtfertigt, sie droht jedoch die funktionale Verschiedenheit des heutigen amerikanischen Systems zu verdunkeln. Parteistruktur und moderne Regierungstechnik haben es in mancher Beziehung dem nichtdualistischen parlamentarischen System ähnlicher gemacht als der konstitutionellen Monarchie des 19. Jahrhunderts[7]. Die Einreihung der Sonderform mit »Präsidenten im Ministerrat« in die dualistischen Systeme ist ebenfalls problematisch. Zwischen den dualistischen und den parlamentarischen Systemen stehen eine ganze Reihe von semi-präsidentiellen oder semi-parlamentarischen Systemen mit ganz verschiedener Gewaltenponderierung. Der in Deutschland so beliebte Ausdruck »Präsidialregierung« für das Weimarer System, das mit dem präsidentiellen System nur den volksgewählten Präsidenten gemein hatte, hat häufig irreführend gewirkt und den parlamentarischen Grundcharakter dieser Verfassung verdunkelt. Die Zweite französische Republik, einige südamerikanische semi-präsidentielle Verfassungen oder die Fünfte Republik gehören keineswegs eindeutig zu den »dualistischen Systemen«, sondern sind Mischformen, die sich – je nach ihrer faktischen Wirkungsweise – nahezu jeder Einordnung in die herkömmlichen Schemen entziehen.

b) Die Kritik am präsidentiellen System in der amerikanischen Publizistik und ihre Verarbeitung in Europa

Die Anhänger des präsidentiellen Systems in Europa hatten in verfassunggebenden Versammlungen und in der Publizistik einen schweren Stand, da ihre Gegner die umfangreiche amerikanische Polemik gegen das eigene System nutzbar machen konnten. So alt die amerikanische Verfassung ist, so alt sind auch die Bestrebungen einzelner Unzufriedener, den Dualismus des Systems zu überwinden.

Es ist oft gesagt worden, daß die amerikanische Verfassung eine ziemlich wirklichkeitsgetreue republikanische Kopie der englischen Verfassung nach dem Stand der Verfassungslehre des 18. Jahrhunderts gewesen sei und daß die amerikanische Verfassung die Züge der älteren – vorparlamentarischen – britischen Verfassung reiner erhalten hat als Großbritannien selbst. Das darf jedoch nicht den Blick dafür trüben, daß zahlreiche Verfassungsväter in der Philadelphia Convention das englische Vorbild völlig ablehnten, da sie nicht daran glaubten, daß es eine »republikanische« Imitation der monarchischen Verfassung Englands geben könne. Wilson aus Pennsylvania, der noch in Schottland geboren war, wurde einer ihrer lautstärksten Sprecher, und es ist kein Zufall, daß er für eine starke, ungeteilte, volksnahe Exekutive eintrat[8]. Das Resultat der Convention lag auch keineswegs von vornherein fest. Es hat Befürworter ganz anderer Systeme gegeben, die den späteren parlamentarischen Systemen des Kontinents ähnlicher waren als die amerikanische Lösung. Roger Sherman aus Connecticut hatte die Ansicht vertreten, der Inhaber der Exekutive »sollte vom Parlament ernannt werden und nur ihm verantwortlich sein«[9]. Wilson dagegen sah die Abhängigkeit der Exekutive von der Legislative als das »Wesen der Tyrannei« an[10]. Sherman würde in den Augen der späteren konservativen Doktrinäre eines »echten Parlamentarismus« als Anhänger einer Versammlungsregierung gegolten haben. Die Gewaltenverteilung des präsidentiellen Systems erwies sich als Kompromiß konkurrierender Verfassungsvorstellungen.

Dieser Kompromiß schuf keineswegs einen Dualismus völlig gleichwertiger Gewalten, wie viele spätere Lobredner der gewaltenteiligen amerikanischen Verfassung zu unterstellen schienen. Die Exekutive, die dem heutigen System seinen Namen gab, war mehrfach kontrolliert. Das mehrstufige Wahlsystem sollte die plebiszitär-demokratische Komponente der Bestellung des Präsidenten mildern. Das Präsidentenwahlsystem hat sich erst seit Jackson stärker in plebiszitärer Richtung entwickelt. Die Interpreten der amerikanischen Verfassung waren sich zunächst darin einig, daß die Legislative höheren Rang hatte. Vielzitiert ist der Satz des 51. Federalist: »Im republikanischen System dominiert die Autorität der Legislative mit Notwendigkeit.«[11] Seltener erwähnt wird dagegen die Fortsetzung jenes Satzes, in dem der Autor – Hamilton oder Madison – implicite zugab, daß dies zu Schwierigkeiten für die Regierung führen könnte. Er sah die Teilung der Legislative als Garantie gegen kongressionale Willkür an, schloß jedoch nicht aus, daß »die Schwäche der Exekutive erfordern kann, daß sie andererseits gestärkt werden müßte«[12].

Hamilton hat in der Regierungspraxis die Kluft zwischen Kabinett und Kongreß bereits schmerzlich empfunden. Er war einer der ersten, die versuchten, als Inhaber eines Regierungsamtes stärkeren Einfluß auf den Kongreß zu nehmen. In einer Arbeit von Burns wird Hamilton geradezu als geistiger Vater der Interpretation der amerikanischen Verfassung im Sinne eines »presidential government« angesehen[13]. Alle Hoffnungen einzelner, das amerikanische System analog zu den parlamentarischen Systemen mit enger Bindung der beiden wichtigsten Gewalten fortzuentwickeln, waren vergeblich. Das amerikanische System hatte trotz der Suprematie der Legislative keine Möglichkeit, sich ohne grundlegende Verfassungsänderung zum parlamentarischen fortzuentwickeln.

Im amerikanischen Bürgerkrieg nahmen die kriegführenden Parteien eine entgegengesetzte verfassungspolitische Entwicklung. Lincoln gelang es, das Präsidentenamt für die Dauer des Kriegs entscheidend zu stärken. Nach seinem Tod hatte dies jedoch einen Rückschlag zur Folge, der in dem »impeachment«-Versuch gegen Präsident Johnson gipfelte. Jefferson Davis an der Spitze der Regierung der konföderierten Staaten des Südens wurde dagegen zeitweilig nahezu auf die Position eines Präsidenten im parlamentarischen System herabgedrückt, obwohl die Verfassungsstruktur der Konstitution der Foundingfathers wie ein Ei dem anderen ähnelte. Stephens setzte sich sogar für eine Regelung ein, die den Präsidenten der konföderierten Staaten zwingen sollte, sein Kabinett aus Kongreßmitgliedern zu rekrutieren[14]. Im Mai 1861 schlug John Perkins vor, wenigstens die Kabinettsmitglieder im Haus sprechen zu lassen, was von vier Staaten gebilligt und von zweien abgelehnt wurde. Ein Staat war geteilter Meinung. 1863 wurde beschlossen, die Kabinettsdauer der Legislaturperiode anzupassen. Präsident Davis sollte gezwungen werden, sein Kabinett alle zwei Jahre neu zu ernennen. Anfang 1865 trieb der Konflikt zwischen Präsident und Kongreß einem Höhepunkt zu. Die Virginia Delegation forderte den Rücktritt des gesamten Kabinetts, und War Secretary James A. Seddon aus Virginia trat daraufhin zurück[15]. Es ist nicht ausgeschlossen, daß das konföderierte System sich einem parlamentarischen angenähert hätte, wenn ihm längere Dauer beschieden gewesen wäre. Es läßt sich jedenfalls denken, daß es sich zu einem semi-dualistischen Präsidialsystem nach Art der Zweiten französischen Republik entwikkelt hätte.

In der langen Periode der Schwäche des Präsidentenamts nach dem Bürgerkrieg entstand eine umfangreiche Polemik gegen die dominierende Stellung des Kongresses. Nur in seltenen Fällen wurde jedoch die Parlamentarisierung des amerikanischen Systems gefordert wie in einigen Aufsätzen des späteren Präsidenten Woodrow Wilson. Wilson hat aber seine Propaganda für ein Cabinet Government nach englischem Vorbild nicht konsequent durchgehalten, obwohl sein eigenes Mißgeschick als Präsident gegenüber dem Kongreß seinen Thesen nachträglich recht zu geben schien. Die Polemik gegen das Congressional Government, die Wilson mit seinem gleichnamigen Buch populär machte, hatte im allgemeinen viel begrenztere Ziele, so sehr Wilson auch die unklare Verantwortlichkeit im präsidentiellen System kritisierte, dem er vorwarf, »daß es die Macht zertreut und die Verantwortung unklar werden läßt«[16].

Thomas K. Finletter, William Yandell Elliott, Walter Lippmann oder David Lawrence, denen zuweilen vorgeworfen wurde, sie wollten das präsidentielle System abschaffen und ein parlamentarisches an seine Stelle setzen, hatten meist auch nur Modifikationen des präsidentiellen Systems im Sinn oder rückten später von Parlamentarisierungsvorschlägen zugunsten weniger weitreichender Alternativen wieder ab[17]. Walter Lippmann hat beispielsweise nicht die Exekutive generell von Voten des Kongresses abhängig machen wollen, sondern nur einmal vorgeschlagen, daß die Staatssekretäre nach *mid term elections* zurücktreten sollten, falls man sie für den Verlust von Zwischenwahlen verantwortlich machen konnte. Dieser Vorschlag hatte den Nachteil, daß es kaum genau auszumachen war, wessen Ressort am stärksten die Kritik herausgefordert hatte. Aus technischen Gründen wird zuweilen die Hauptkritik im Wahlkampf auch gar nicht gegen den schlechtesten Staatssekretär gerichtet. In jedem Fall hätte ein solcher Rücktritt eines Staatssekretärs auch das Ansehen des Präsidenten, der ihn berief, noch zusätzlich zu der Wahlniederlage schädigen müssen.

Die amerikanische Kritik am eigenen System ist immer wieder zu einer pauschalen Konfrontation des präsidentiellen Systems mit dem parlamentarischen benutzt worden. Es ergab sich auf diese Weise eine sehr wirksame Gegenpropaganda gegen die Rezeption der präsidentiellen Verfassung in Europa. Die Argumente der Advokaten dieses Systems wurden entscheidend dadurch geschwächt, daß man darauf hinweisen konnte, daß weite Teile der amerikanischen Publizistik mit dem System nicht zufrieden waren, das anderen Ländern empfohlen wurde.

Dic Bestrebungen der Verfassungsreform durch Pendleton wurden bereits in den ersten publizistischen Versuchen, die sich mit der Möglichkeit der Übernahme des präsidentiellen Systems in europäischen Staaten auseinandersetzten, zur Argumentation herangezogen. Der Italiener Livio Minguzzi ging in der Erforschung des Unbehagens am präsidentiellen System in seinem bemerkenswerten Buch von 1886 ausdrücklich bis zu Roger Sherman und Pendleton zurück[18]. Er sagte jedoch zutreffend voraus, daß die Amerikaner der Parlamentarisierung ihres präsidentiellen Systems in ihrer Mehrheit immer Widerstand entgegensetzen würden. Eines der letzten amerikanisch-europäischen publizistischen Streitgespräche über die Güte der beiden verglichenen Systeme fand 1943/44 zwischen Price und Laski statt. Price äußerte bekümmert, daß nur Psychoanalytiker die geheime Sehnsucht so vieler Amerikaner nach den Institutionen des »Mutterlandes« England erklären könnten[19]. Die Kritik, die Laski am präsidentiellen System übte, fügte den oben behandelten Klagen über das Fehlen ausreichender präsidentieller Führerschaft und der Neigung des präsidentiellen Systems, zum »congressional government« auszuarten, noch einige Argumente hinzu, die typisch für die Polemik gegen das amerikanische System sind und daher hier als pars pro toto stehen können:

1. Price wies auf die Veränderungen des amerikanischen Verwaltungssystems hin. Laski aber blieb bei seiner Abneigung gegen das amerikanische Beutesystem. Laski hatte hier als Linker mit großer Zähigkeit an den Vorurteilen konservativer Kritiker Amerikas von Tocqueville bis Max Weber festgehalten. Es wurde bis ins 20. Jahrhundert als ausgemachte Sache hingestellt, daß das Beutesystem die Folge des konstitutionellen Dualismus sei. Bei Hugo Preuß findet sich beispielsweise die Behauptung: »Das parlamentarische System entzieht dem Berufsbeamtentum die seiner Natur nicht entsprechende politische Führung und unterwirft es gewissen Modifikationen; im übrigen aber sind beide miteinander nicht nur vereinbar, sondern ergänzen sich gegenseitig in durchaus glücklicher Weise. Das Beutesystem als Folge des Dualismus müßte das Berufsbeamtentum zerstören.«[20] Die Verteidiger des parlamentarischen Systems vergaßen dabei, daß gerade dem parlamentarischen System mit seiner Tendenz zur Parteiregierung von den Anhängern der konstitutionellen Monarchie in Europa lange der Vorwurf gemacht wurde, die sachliche Beamten- und Ministerrekrutierung durch parteipolitisches Beutespiel zu ersetzen. Die besonderen Wurzeln des Beutesystems und die Gründe für die späte Ausbildung des »civil service« in Amerika wurden nur selten analysiert. Daß auch England seinen »civil service« später herausbildete, wurde dagegen von den Lobrednern des britischen self-government durchaus positiv bewertet. Mit dieser Kritik soll natürlich nicht geleugnet werden, daß die Entstehung der Verantwortlichkeit der Minister vor dem Parlament im parlamentarischen System von Einfluß auf die Herausbildung des Berufsbeamtentums in manchen Ländern gewesen ist. Aber dieser Zusammenhang wurde von den Kritikern des präsidentiellen Systems allzu pointiert herausgestellt und mit dem unzulässigen Umkehrschluß verbunden, daß das dualistische präsidentielle System in erster Linie für das Fehlen eines amerikanischen Berufsbeamtentums verantwortlich zu machen sei. Durch die Fortentwicklung des modernen präsidentiellen Systems verliert das Argument jedoch stark an Boden.

2. Dem präsidentiellen System wurde ferner eine Übermacht der dritten Gewalt, des »Supreme Court«, vorgeworfen, den Laski geradezu als »dritte Kammer« bezeichnete und der mit dem Mittel des »judicial review« seiner Ansicht nach das Volk unter politischer Vormundschaft hielt und den sozialen Wandel nach dem Willen der Mehrheit stark erschwerte. Die Unfähigkeit der amerikanischen Präsidenten, mit dem Rassenproblem fertig zu werden, gab diesem Argument bis in die Ära Johnson immer wieder neue Nahrung. Es hat sich allerdings auch die Erkenntnis zunehmend durchgesetzt, daß heute Teile des vermeintlichen Mehrheitswillens ein weit größeres Hemmnis für die Lösung der Bürgerrechtsfragen darstellen als der Supreme Court. Überdies ist zu bezweifeln, daß die konservative Funktion des Supreme Court in der amerikanischen Geschichte dem präsidentiellen System schlechthin eigen ist. Auch hier wird gern – mangels Vergleichsmöglichkeit – der Supreme Court in seiner amerikanischen Form als notwendiges Funktionselement des präsidentiellen Systems hingestellt (vgl. Kap. IV).

3. Während die amerikanische Gruppenforschung zu Recht die integrierende Wirkung der Verbände im dualistischen System betont, hat Laski behauptet, das präsidentielle System schaffe durch seine Gewaltentrennung dem Einfluß der »pressure groups« größere und schwerer kontrollierbare Möglichkeiten als im parlamentarischen System mit klarer Verantwortlichkeit[21]. Einige der Ursachen dafür, die Laski pointiert herausstellte, sind nicht notwendigerweise mit der dualistischen Konstruktion der Verfassung verbunden, sondern hängen mit der Ortsansässigkeitsregel, der Dominanz von Lokalhonoratioren und mit dem Föderalismus zusammen. Mag sein, daß jener Kongreßabgeordnete, der in der Sommerhitze Washingtons ausharrte, weil er sich nicht traute, auf Urlaub nach Hause zu fahren, ehe er nicht einem mächtigen Mann seines Wahlkreises, einem Warenhausbesitzer, eine versprochene Vergünstigung verschafft hatte, typisch für Amerika ist. Das präsidentielle System als ganzes kann für solche Auswüchse schwerlich verantwortlich gemacht werden.

c) Die Werbung für das präsidentielle Regierungssystem in Europa

Das Werben für eine Verfassung nach amerikanischem Vorbild erwies sich an bestimmte soziale Voraussetzungen gebunden, die in den verschiedensten Ländern wiederkehrten.

1. Der Bruch der monarchischen Legitimität schuf ein gewisses verfassungsideologisches Vakuum, das der Propaganda für das präsidentielle System günstig war. Nur wo Aussicht auf die Einführung einer republikanischen Verfassung bestand, konnte das amerikanische Vorbild starken Einfluß erlangen.

Die europäischen Monarchien, die sich ausnahmslos zu parlamentarischen Monarchien fortentwickelten, waren der Werbung für das amerikanische System ungünstig. In parlamentarisierten Monarchien erfüllte jedoch der Ruf nach Rückkehr zur konstitutionell-dualistischen Verfassung die gleiche Funktion wie der Ruf nach dem präsidentiellen System unter Republikanern. Italien, Belgien oder Schweden haben solche Bewegungen der Abkehr großer Teile der Publizistik von der parlamentarischen Monarchie gekannt. In *Italien* nahm diese Kampagne die größten Ausmaße an. Sie wurde bekannt unter dem Schlagwort, das der spätere konservative Regierungschef Sidney Sonnino 1897 in einem Zeitschriftenartikel populär machte: »Torniamo allo statuto«[22]. Sonnino und zahlreiche Unzufriedene forderten die Rückkehr zum dualistischen konstitutionellen System des Status von 1848 mit nur geringen Konzessionen an das parlamentarische System, das sich inzwischen unter dieser Verfassung entwickelt hatte. Dabei wurde das präsidentielle Regierungssystem rein akademisch diskutiert, soweit die Kritiker nicht Republikaner waren, welche die italienische Monarchie abschaffen wollten. Aber die Vorteile des präsidentiellen Sytems wurden zuweilen geschildert, man zog sie jedoch nur zum Vergleich heran, um die Vorteile zu erläutern, die eine Rekonstitutionalisierung des Systems ebenfalls bieten könnte[23]. Die Anhänger des parlamentarischen Systems dagegen versuchten, am präsidentiellen System die Schwächen der dualistischen Verfassung herauszustellen, um die Möglichkeit des parlamentarischen Systems in besserem Lichte erscheinen zu lassen[24]. In Spanien war der größte Staatsmann der restaurierten Monarchie, Cánovas de Castillo, voller Bewunderung für viele Seiten des präsidentiellen Systems und nahm es gegen die scharfe Kritik von James Bryce aus England in Schutz[25]. Cánovas hoffte mit einer halbparlamentarisch, halbkonstitutionellen Monarchie – mit doppelter Verantwortlichkeit der Minister vor dem Parlament und gegenüber dem Monarchen – die Regierungsstabilität zu erreichen, um die er Amerika so beneidete. In Belgien hat der vielgereiste Kenner ausländischer Regierungssysteme, Emile de Laveleye, das präsidentielle System im Vergleich zum parlamentarischen recht vorteilhaft geschildert. Er lobte, daß der amerikanische Präsident seine Minister nach sachlichen Gesichtspunkten wählen könnte und daß die Staatssekretäre nicht ständig nach der Mehrheit zu schielen brauchten[26].

Konkrete Einflüsse konnte das amerikanische Modell erst in der zweiten Periode der Rezeption ab 1848 ausüben, als republikanische Verfassungen in Europa geschaffen wurden. Am stärksten waren die amerikanischen Einflüsse bei der Schaffung der *Zweiten französischen Republik*, wenn es auch eine Übertreibung ist zu sagen, daß dies der einzige Versuch gewesen sei, »die amerikanische Verfassung nach Europa zu verpflanzen«[27].

Die radikalen Republikaner aus Überzeugung haben das präsidentielle System nur selten zum Vorbild genommen. Sie orientierten sich gemeinhin an den Verfassungen der Französischen Revolution, zu ihren wichtigsten verfassungspolitischen Vorbildern wurden die Konventionsregierung, die Direktorialverfassung und die Konsular-Republik gerechnet. Vor allem die Gironde-Verfassung war von Einfluß auf die Republikaner von 1848. Der Vorsitzende der Verfassungskommission der konstituierenden Versammlung von 1848, Cormenin, nannte in seinem Überblick über die Möglichkeiten zur Schaffung einer republikanischen Exekutive die amerikanische Lösung nicht. Er skizzierte drei Alternativen:

- Die Versammlung selbst übt die Exekutive durch Delegierte aus (Konventionsregierung);

– Die Bestellung von 3 oder 5 Konsuln oder Direktoren;
– Die Wahl eines Präsidenten oder Konsuln.

Cormenin dachte dabei zunächst nicht an einen volksgewählten Präsidenten oder auch nur an einen Präsidenten, der durch indirekte Volkswahl nach amerikanischem Vorbild bestellt wird[28]. Die Kommission entschied sich nahezu ohne Diskussion für einen Präsidenten, nur die Frage, ob er durch das Parlament oder durch das Volk gewählt werden sollte, war lange umstritten. Der Vorschlag Dupins, eines ehemaligen Orleanisten, dem Chef der Exekutive den Titel »Präsident der Republik« zu verleihen, wurde angenommen. Wie weit für ihn das amerikanische Vorbild bei der Bevorzugung dieser Bezeichnung maßgeblich war, läßt sich schwer entscheiden. Nachdem die Entscheidung für einen Präsidenten gefallen war, versuchte der Präsident der Verfassungskommission, Cormenin, sich der Entwicklung anzupassen, und setzte sich nun für die direkte Volkswahl ein. Einflußreicher als das amerikanische Vorbild scheint für die Schaffung des Präsidentenamtes der Zweiten Republik die Notwendigkeit zum Kompromiß zwischen Republikanern und Orleanisten gewesen zu sein. Typisch für die opportunistischen Republikaner, die sich am orleanistischen Vorbild orientierten, waren Odilon Barrot, Duvergier de Hauranne oder Tocqueville, die die semi-präsidentielle Verfassung hinnahmen, um die ultraparlamentarische Konventionsregierung zu verhindern, welche die Republikaner aus Überzeugung vermutlich eingerichtet hätten, wenn sie freie Hand gehabt hätten. Tocqueville und sein Freund Beaumont forderten im Verfassungsausschuß Prärogativen für den Präsidenten, »ungefähr die eines konstitutionellen Monarchen« – abgesehen von der Dauer, der Unverletzlichkeit und der Unverantwortlichkeit[29].

In der Nationalversammlung wurde dem Ausschußentwurf verschiedentlich vorgeworfen, er enthalte zu viele Anleihen beim amerikanischen System. Der Abgeordnete Parieu wiederholte das oft gehörte Argument, daß Amerikas System unübertragbar sei. Nur dort könne es funktionieren, wo es keine Monarchisten gäbe, wo kein Einheitsstaat möglich sei und wo man bei der Schaffung der Verfassung nicht übertrieben mißtrauisch zu sein brauchte, da außer Zweifel stand, daß ein integrer Mann erster

Präsident der Vereinigten Staaten werden würde[30]. Am Beispiel Amerikas wurde die Stellung des vorgesehenen Präsidenten kritisiert, der nicht einmal das Vetorecht eines konstitutionellen Monarchen gegenüber der Versammlung haben sollte. Parieu faßte seine Kritik an dem Entwurf in dem Satz zusammen: man habe dem Präsidenten die Wurzeln einer Eiche, aber den Kopf einer Rose gegeben. Viele Republikaner wider Willen verteidigten jedoch die semi-dualistische Struktur. Tocqueville z. B. bekämpfte die Idee einer Wahl des Präsidenten durch das Parlament[31]. In der Republik gab es für ihn nur die Alternative »Konventionsregierung« oder »präsidentielle Regierung«. Die parlamentarische Republik wurde noch mit dem Konventionssystem gleichgesetzt. »Republikanische Regierung« war für ihn aus Gründen der Gewaltenteilung gleichbedeutend mit »gewählter Exekutive«[32]. Alle Versuche, das System der Zweiten Republik entschiedener »präsidentiell« zu gestalten, die sich vor allem auf die Abschaffung der Verantwortlichkeit der Minister vor dem Parlament und der Vereinbarkeit von Abgeordnetenmandat und Ministeramt richteten, sind fehlgeschlagen. Frédéric Bastiat kämpfte noch 1849 gegen die Kompatibilität und wies die »Bürger Repräsentanten« in Aufrufen und Artikeln auf Amerika hin: »Soll sich das Ministerium aus den Kammern rekrutieren? England sagt: ja, und befindet sich schlecht dabei. Amerika sagt: nein, und befindet sich gut dabei«[33].

Zwei Jahre ideologischen Grabenkampfs wurden überholt durch den Staatsstreich des Louis Bonaparte 1851, der das Regime beendete.

Im *deutschen* System der Paulskirche war der seltene Fall gegeben, daß das präsidentielle System in einer Föderation von Monarchien diskutiert wurde. Untersuchungen über den amerikanischen Einfluß auf die Verfassung der Paulskirche betonen, daß dieser größer gewesen sei als der des englischen oder des französischen Vorbilds[34]. Das gilt jedoch nur für die Bemühungen um einen Bundesstaat. Die umfangreiche amerikanophile Publizistik um 1848 hatte keine klare Vorstellung vom Verhältnis zwischen Präsident und Kongreß in Amerika. Bunsen, der preußische Gesandte in London, der einer der wenigen Beamten deutscher Staaten war, welche den Entwurf der Siebzehn guthießen, stellte die »amerikanische Formel« der »englisch-belgischen« (d. h. parlamentarischen) gegenüber. Er wollte aber die amerikanische Lösung mit der konstitutionellen Monarchie verbinden und hoffte, daß Deutschland aus dieser Verbindung einen Typus entwickeln und ihn »zu einer höheren Geltung« erheben werde[35]. Selbst die oft als semi-republikanisch verschrienen Pläne der Bildung eines Drei-Fürsten-Direktoriums hätten ein präsidentielles System nur in einzelnen Punkten (z. B. in der Inkompatibilität und der Abhängigkeit der Minister vom Vertrauen des Direktoriums) erlaubt. Aber gerade die Einheit der Exekutive, die am amerikanischen System so gepriesen wurde, hätte sich nicht verwirklichen lassen. Republikaner und Radikale hatten nicht einmal die Liebe zum Föderalismus als Motiv, sich für ein amerikanisches System auszusprechen. Blum, Trützschler und andere Linke neigten daher einer extrem parlamentarischen Versammlungsregierung zu.

Schon der 17er Verfassungsentwurf und der Entwurf der Vorkommission hatte gewisse Ähnlichkeiten mit der amerikanischen Verfassung. Von den Rednern der Paulskirche waren viele Bewunderer der amerikanischen Verfassung, aber nur wenige dachten an eine integrale Rezeption der amerikanischen Lösung[36]. Der amerikanischen Lösung der Exekutivspitze am nächsten kam ein Amendment, das der Abgeordnete von Diskau am 28. März 1849 einbrachte, in dem es hieß: »Die ausübende Gewalt des deutschen Reiches wird einem vom Volke auf die Dauer von vier Jahren gewählten *verantwortlichen* Präsidenten übertragen. Es wird dem Präsidenten ein Vicepräsident beigegeben. Wählbar ist jeder Deutsche.«[37] Die Republikaner blieben jedoch in der Minderzahl.

Die Erbkaiserlichen trugen den Sieg davon, obwohl einzelne Abgeordnete zu beweisen versuchten, daß zwischen einem Präsidenten nach amerikanischem Muster und einem konstitutionellen Monarchen mit den geringen Rechten etwa des »norwegischen« Königs (z. B. dem Vetorecht) kein großer Unterschied bestehe. Die Republikaner ließen sich davon jedoch nicht überzeugen. Die Verantwortlichkeit des amerikanischen Präsidenten erschien ihnen ein Schutz gegen Übergriffe, auf den sie nicht glaubten verzichten zu können. Der republikanische Abgeordnete Vogt aus Gießen gab zu, daß man in Ländern wie England, wo ein tiefverwurzeltes Freiheitsgefühl lebendig sei, »auf dem Papier« manches tolerieren könne (wie z. B. das Vetorecht des englischen Königs). Er fügte aber hinzu: »Wenn wir das hätten, dann wollte ich Ihnen jede Form, ja Alles, was Sie haben möchten auf dem Papier geben; denn ich wüßte dann, daß der Geist, der in jedem Einzelnen lebt, diese Form zerbrechen oder niederhalten würde, aber in unseren Zuständen darf man nichts geben auf dem Papier; denn wir wissen nur zu wohl, daß es dann benutzt wird.«[38] Die Vorstellung, daß ein unverantwortlicher Präsident, noch dazu, wenn er ein Fürst war, das Veto benutzen könne, erschien ihm unerträglich. Über die Realität der Verantwortlichkeit des amerikanischen Präsidenten wurde dabei freilich noch weniger nachgedacht als über die Anwendung des Vetos durch konstitutionelle Monarchen in der politischen Wirklichkeit der Zeit. Der Kieler Abgeordnete Claussen, der sich zu harten Äußerungen über die Monarchen im allgemeinen und seinen Schleswig-Holsteinischen Landesherrn im besonderen hinreißen ließ, erklärte dazu: »Ich habe die Ansicht ausgesprochen, daß der Präsident oder das Directorium verantwortlich sein müsse, wie der Präsident von Nordamerika, d. h. daß er sich nicht gleich zurückziehen müsse, wenn ein Votum in der Nationalversammlung gegen ihn fällt, sondern daß er neue Minister ernennt, aber nicht in der Weise, daß, wenn er einen Hochverrat begeht, er eximirt sein solle und das Privilegium der Straflosigkeit habe.«[39] Aus diesen Worten konnte man entnehmen, daß die Minister einer doppelten Verantwortlichkeit dem Präsidenten und dem Parlament gegenüber unterstehen sollten, wobei die Verantwortlichkeit gegenüber dem Parlament nur mittelbar, durch das Revokationsrecht des Präsidenten geltend gemacht werden sollte. Schon diese Ansicht entsprach nicht ganz dem amerikanischen System, wo bis heute dem Präsidenten nicht zugemutet wird, einen Staatssekretär auszuwechseln, der auf Mißtrauen im Kongreß stößt, ja wo die Geschäftsordnung Mißbilligungsvoten gar nicht zuließe.

Auch die eifrigsten Befürworter des amerikanischen, volksgewählten und verantwortlichen Präsidenten waren nicht für eine volle Durchführung des präsidentiellen Systems. Sie ließen sich in der Paulskirche auf den gleichen Kompromiß eines Zwittergebildes ein, wie es die Zweite französische Republik darstellte. Föderalismus und republikanische Auffassung von Verantwortlichkeit des Staatsoberhaupts und der Minister ließen in gleicher Weise im

Deutschland der Paulskirche keine eindeutig präsidentielle Konzeption der künftigen Verfassung aufkommen, sondern führten meist zu einem semi-präsidentiellen Mischsystem, wie fast überall auf dem europäischen Kontinent. Wo der Föderalismus zum zentralen Thema der Verfassungsdebatten wurde, setzte sich meist ebenfalls nicht das präsidentielle System durch, sondern ein anderes dualistisches System, das Schweizer Ratssystem, wurde stärker gefördert. Das läßt sich sehr gut an *Australien* zeigen (vgl. Kap. IV).

2. In der zweiten Phase der Rezeption amerikanischer Modelleinrichtungen, nach dem Ersten Weltkrieg, war noch weniger die integrale Übernahme des präsidentiellen Systems gefragt als die Schaffung eines funktionalen Äquivalents zur Monarchie unter republikanischen Bedingungen, bei Konzessionen an die monarchistischen Neigungen einer stattlichen Minderheit. Die Weimarer Republik und Finnland sind dafür die wichtigsten Beispiele.

Die *Weimarer* Verfassungsväter befanden sich 1919 in einer Lage, die der französischen von 1848 in manchem ähnlich war. Eine Revolution hatte die Monarchie beseitigt, monarchistische Gefühle und ein konstitutionell-dualistisches Verfassungsideal waren aber noch weit verbreitet. Auch in Weimar gab es 1919 viele »Republikaner wider Willen«, nur wenige Deutschnationale wie Graf Posadowsky-Wehner oder von Delbrück betrieben relativ offen monarchistische Propaganda. Die Suche nach dem »Ersatz-Kaiser« war aber nur bei wenigen von einem dolus eventualis zugunsten einer Restauration der Monarchie geleitet. Nur wenige waren naiv genug zu hoffen, daß etwa die Volkswahl des Präsidenten einst einem Hohenzollern-Prätendenten die Kandidatur ermöglichen würde. Auch unter den Deutschnationalen waren die einsichtigeren von einer echten Sorge um das konstitutionelle Gleichgewicht in der Republik bewegt, und der volksgewählte Präsident sollte die republikanische Form des konstitutionellen Monarchen sein. Bei den Deutschnationalen folgte aus diesen Bestrebungen keine Forderung nach einem wirklich präsidentiellen System. Sie bemühten sich beispielsweise, das Auflösungsrecht des Präsidenten und das Recht, eine Volksbefragung anzuordnen, von der Gegenzeichnungspflicht zu befreien. Sie tolerierten jedoch den Gedanken eines Ministerrats zwischen Präsidenten und

Reichstag, was mit der präsidentiellen Regierung so wenig vereinbar ist wie die weitreichenden Pläne bezüglich der Parlamentsauflösung. Der Berichterstatter des Verfassungsausschusses Ablass (DDP) billigte die Vorschläge Delbrücks, verteidigte jedoch zugleich die parlamentarische Grundkonzeption des Preuß'schen Entwurfs und betonte, der Ausschuß und die Mehrheit der Nationalversammlung wollten weder das französische noch das amerikanische System übernehmen[40].

Die Motive, die Hugo Preuß – und vor allem Max Weber – bewegten, für ein »Präsidialsystem« zu plädieren, hingen gleichfalls mit dem Kontinuitäts- und Legitimitätsbruch zusammen. Max Weber hat – nach dem Zeugnis Riezlers, der Weber bei seinem Zusammentreffen mit Ebert begleitete – zum amerikanischen System geraten. Von Ebert jedoch nach dem Beutesystem der Vereinigten Staaten befragt, hat Weber die Nachteile des amerikanischen Systems keineswegs verschwiegen. Es ist anzunehmen, daß die Unterhaltung zwischen Ebert und Weber in der Wiedergabe grob vereinfacht worden ist. Es zeigen sich nur wenige Anhaltspunkte in Webers Schriften dafür, daß er ein voll präsidentielles System befürwortete. Andererseits war Weber zu kenntnisreich, als daß er das Beutesystem als Einwand gegen das amerikanische System der Gewaltenteilung hätte gelten lassen, mit dem es nur sehr entfernt etwas zu tun hatte. Man tut daher gut daran, sich an Webers Schriften zu halten. In ihnen befürwortete er immer nur ein System mit einem volksgewählten Präsidenten, der das Legitimitätsvakuum ausfüllen sollte, das die Hohenzollern hinterlassen hatten[41]. Weber hielt die Dynastien für so kompromittiert, daß er glaubte, es wagen zu können, die Stellung eines Monarchen in der Form des plebiszitären Führers der Republik nachzuahmen, ohne einer Restauration Vorschub zu leisten. Er wollte gleichsam das »monarchistische Wasser« auf republikanisch-demokratische Mühlen leiten. Richtiger als der weitverbreitete Ausdruck Präsidialverfassung war die Bezeichnung »plebiszitär-repräsentative Regierung«, die Weber in »Wirtschaft und Gesellschaft« für die Weimarer Lösung gebrauchte.

Preuß, der erst zu der traditionellen parlamentarischen Bestellungsform neigte, wurde – nicht ohne Einfluß Max Webers – für die Volkswahl des Präsidenten gewonnen. Die Sorge, das System könne in einen »unechten französischen Parlamentarismus« ausarten, führte zu der Vorstellung, man könne die Vorteile der amerikanischen und der französischen Verfassung miteinander verbinden[42]. Das amerikanische System als ganzes nötigte Preuß nur sehr eingeschränkte Bewunderung ab. Er hielt an den seit Tocqueville überlieferten Gemeinplätzen fest, das präsidentielle System Amerikas sei durch das Beutesystem korrumpiert und führe auf die Dauer zur geistigen Verödung des politischen Lebens[43]. In der Weimarer Nationalversammlung war dies nicht nur ein Vorurteil der Liberal-Konservativen; vor allem auch die Sozialdemokraten sprachen gern von dem »korrupten Amerika«[44], und sie empfanden das System – schon aus ihrer Abneigung gegen einen starken Präsidenten heraus – keineswegs als Vorbild für Deutschland. Friedrich Naumann stieß im Verfassungsausschuß auf wenig Glauben bei der SPD mit seiner Beteuerung, daß der »Präsidialgedanke« nicht »an sich konservativ« sei. Er erklärte: »Ich bin überzeugt, sobald die Sozialdemokratie einmal zum Vollbewußtsein ihrer Kraft gelangt ist, wird sie auf die Naturgesetze zurückgehen, die für alle Regierungsformen maßgebend sein müssen, und von selbst den Präsidialgedanken aufnehmen.«[45] Es kostete bereits viel Mühe, diejenigen von der SPD umzustimmen, die nach linker Tradition – mit dem Abgeordneten Fischer – der Meinung waren, daß der Präsidentenposten überhaupt überflüssig und gefährlich sei. Man kann abschließend Fraenkel nur zustimmen, daß die Verfassungsväter von Weimar sich »kein zutreffendes Bild von dem amerikanischen Regierungssystem« gemacht haben[46] und daß das präsidentielle System nicht einmal bei den extremen Föderalisten viele Anhänger hatte. Als das parlamentarische System der Weimarer Republik in eine Krise geriet, hat eine umfangreiche Publizistik die Stärkung des Präsidenten verlangt und die Regierung von parlamentarischen Zufallsmehrheiten unabhängig zu machen versucht. Aber auch in dieser Zeit war das konstitutionell-monarchische Leitbild stärker als das Vorbild der amerikanischen Verfassung. Die Revisionisten riefen weniger nach einer neuen Verfassung als nach einer konstitutionellen Ausdeutung der existierenden Weimarer Verfassung, und die Aussichten des präsidentiellen Systems in Deutschland wurden auch in den Krisenjahren überwiegend skeptisch beurteilt.

Das dualistische (semi-präsidentielle, semi-parlamentarische) System war auch in *Finnland* unter dem Einfluß der Lehre Duguits und Redslobs geschaffen worden. Der geistige Vater der Verfassung, der spätere erste Präsident Ståhlberg, ging sogar noch über Redslob hinaus, wenn er die Absicht äußerte, daß der Staatschef in wichtigen Fragen selbständig – ohne die Minister – handeln könne[47]. Die USA waren bei den finnischen Verfassungsarbeiten weit stärker Vorbild als in der Weimarer Nationalversammlung, und die finnischen Autoren legen Wert auf die Feststellung, daß die finnische Verfassungsarbeit im wesentlichen vor dem Weimarer Werk geleistet worden und daher von der Weimarer Lösung geistig unabhängig sei. Redslob hat später in einem Interview das finnische System als in Einklang mit seinen Vorstellungen betrachtet. Konservativen Kritikern war jedoch das finnische System – ähnlich wie den Deutschnationalen in der Weimarer Nationalversammlung – nicht dualistisch genug. Sie mißbilligten den parlamentarischen Einschlag, der sich in der Verfassung fand. Wie in Deutschland gab es in Finnland noch eine beträchtliche monarchistische Minderheit, der im Oktober 1918 sogar die Durchsetzung eines Beschlusses über die Einführung der monarchischen Staatsform gelang. Der Zusammenbruch der Monarchie in Deutschland ließ den Kandidaten Friedrich Karl von Hessen jedoch auf den finnischen Thron verzichten. Der nächste Landtag, der im April 1919 gewählt wurde, hatte eine große republikanische Mehrheit. In der semi-präsidentiellen Lösung der Verfassung war jedoch ein gewisser Kompromiß mit den Monarchisten geschlossen worden. Erbittertster Gegner dieser Lösung waren daher die Sozialdemokraten. Der sozialdemokratische Verfassungsexperte Kuusinen bekämpfte den Entwurf als »zu amerikanisch« und setzte ihm eine Lösung nach dem Vorbild des Schweizer Kollegialsystems entgegen[48]. Die indirekte Volkswahl des Präsidenten, die dem amerikanischen Präsidentialismus entnommen wurde, erwuchs ebenfalls aus funktionalen Notwendigkeiten heraus: Sie war ein Kompromiß zwischen den Vorschlägen der radikalen Republikaner, welche die direkte Volkswahl wünschten, und den Anhängern der Parlamentswahl des Präsidenten.

3. In der dritten Phase der Rezeption amerikanischer Institutionen nach dem Zweiten Weltkrieg stand keineswegs das präsidentielle System im Vordergrund. Wie der allgemeine Überblick im I. Kapitel schon zeigte, waren die Anhänger des amerikanischen Systems überall in der Minderheit, und die amerikanische Siegermacht hat selbst bei den besiegten Nationen Deutschland, Japan und Italien ihr System keineswegs sehr stark empfohlen.

Die Suche nach dem konstitutionellen Gleichgewicht in einer innerlich noch nicht gefestigten Republik bewegte auch viele Politiker in *Italien* nach dem Zweiten Weltkrieg, für das präsidentielle System zu plädieren. Es ist kein Zufall, daß in diesem Land der Ruf nach dem präsidentiellen System – im Vergleich zu Frankreich oder Deutschland – am lautesten zu hören war, da die Verfassungsvorstellungen der parlamentarischen Monarchie unter dem Statuto Albertino von 1848 noch lebendig waren und da man auf die Gefühle der stattlichen im Referendum überstimmten monarchistischen Minderheit Rücksicht nehmen mußte. Es gab zwar Betrachter, die den Unterschied zwischen präsidentiellem und parlamentarischem Regierungssystem im modernen »Parteienstaat« nicht für so wichtig hielten, um daraus einen verfassungspolitischen Bürgerkrieg werden zu lassen[49]. Vielen aber war die Propaganda für das präsidentielle System ein Herzensanliegen. Roberto Lucifredi behauptete 1945, das präsidentielle System habe in Italien viele Sympathien, aber er wagte nur zaghaft, es zu empfehlen, da er der Costituente nicht vorgreifen wollte[50]. Der Staatsrechtler Barile neigte wegen der Diktaturgefahr mehr zum Schweizer Kollegialsystem als zum präsidentiellen System[51], sein Lehrer Calamandrei, der das Vorwort zu seinem Buch schrieb, hat sich jedoch immer wieder für das präsidentielle System eingesetzt. Calamandrei (*autonomista*) erwies sich bei den Verfassungsarbeiten als der kompetenteste Gegner der parlamentarischen Regierung und hatte mit Ruini, dem Präsidenten der Verfassungskommission, manche Auseinandersetzung. Noch in der Vollversammlung der konstituierenden Versammlung versuchte Calamandrei, sich auf die Beratungen der 2. Unterkommission des Verfassungsausschusses zu berufen, in denen das präsidentielle Regierungssystem vorgeschlagen worden war[52]. In der 2. Unterkommission befaßten sich zwei Berichterstatter, Mortati und Conti, mit den Vor- und Nachteilen des präsidentiellen Systems für Italien. Mortati glaubte, daß die Konzentration der Macht in den Händen des Präsidenten, wie sie das amerikanische System schaffe, nur durch große Dezentralisation – wie sie in Italien unmöglich sei – ungefährlich gemacht werden könne[53]. Der Abgeordnete Einaudi wies darauf hin, daß in Südamerika nicht einmal der Föderalismus sich als Barriere gegen die Entartung des präsidentiellen Systems in eine Diktatur bewährt habe[54]. Außerdem wies Einaudi auf die wachsende Kritik der Amerikaner an ihrem eigenen System hin und behauptete, die Amerikaner selbst sähen ein, daß sie ihr System an das parlamentarische annähern müßten.

Nur Calamandrei focht unverdrossen für das präsidentielle System und versuchte, die Furcht vor der Diktatur mit dem Hinweis darauf zu mildern, daß die faschistische Diktatur Italiens nicht aus einem präsidentiellen, sondern aus einem parlamentarischen System hervorgegangen sei[55]. Die Linke – vor allem La Rocca – zeigte wiederum ihre traditionelle Gegnerschaft gegen ein präsidentielles System. Als am Schluß der Debatte ein Antrag des Republikaners Perassi zur Abstimmung gestellt wurde, in dem eine Verwerfung des präsidentiellen Systems gefordert wurde, weil »weder das präsidentielle noch das direktoriale System den Bedingungen der italienischen Gesellschaft entspräche«, wagten die Anhänger des präsidentiellen Systems nicht einmal, offen zu stimmen. Der Antrag wurde 22 : 0 bei 6 Enthaltungen angenommen[56]. Mit der Annahme dieses Beschlusses hatten die Anhänger der präsidentiellen Regierung die entscheidende Schlacht verloren, eine Niederlage, die sie auch im Plenum der verfassunggebenden Versammlung nicht wieder rückgängig machen konnten.

Nach dieser Entscheidung ging es nur noch um einen Kompromiß nach Weimarer Vorbild mit den Anhängern eines konstitutionell beeinflußten Verfassungsideals. Der Nestor des italienischen Staatsrechts, Orlando, war einer der heftigsten Kritiker des »fannullone« auf dem Präsidentenstuhl, der nach seiner Ansicht im Projekt der Verfassungskommission enthalten war. Einflußreiche Männer in Politik und Wissenschaft wie Ruini, Orlando, de Gasperi oder Saragat waren für einen volksgewählten Präsidenten. Sie unterlagen jedoch einer Mehrheit, die den Präsidenten durch das Parlament wählen lassen wollte. Am stärksten waren die Anhänger der Volkswahl des Präsidenten im »gruppo misto«, zu der Ruini und Orlando gehörten, was sie nicht daran hinderte, scharf gegeneinander zu polemisieren. In Italien wurde nicht einmal der Versuch, die Vorteile des amerikanischen und französischen Systems zu verbinden, von der Mehrheit gebilligt. Die Mißerfolge des Weimarer Systems lieferten den Gegnern einer Präsidialverfassung immer wieder die Argumente.

Auch in *Deutschland* wurde das präsidentielle System von einigen »Liberal-Konservativen« befürwortet, um die Regierungsstabilität und das Gleichgewicht im System zu sichern. Thomas Dehler hat noch in der 49. Sitzung des Hauptausschusses des Parlamentarischen Rats am 9. Februar 1949 verlangt, daß man alle Vorentscheidungen noch einmal überprüfe und das präsidentielle Regierungssystem erneut diskutiere, was der Abgeordnete Katz von der SPD entrüstet zurückwies, weil es die gesamte bisher geleistete Arbeit wieder in Frage stelle, da man die präsidentielle Regierung nicht durch bloße Änderung einiger Paragraphen des vorliegenden Grundgesetzentwurfes schaffen könne[57]. Katz warf Thomas Dehler vor, einen »Schrei nach dem Führer« ausgestoßen zu haben, und glaubte, daß ein präsidentielles System die junge deutsche Demokratie stärker gefährden würde als eine instabile parlamentarische Regierung. Im Organisationsausschuß waren die Vorschläge Dehlers und Beckers noch von einigen CSU-Abgeordneten unterstützt worden[58]. Es wurde aber auch gerade von konservativer Seite harte Kritik am amerikanischen System geübt, wie vom Abgeordneten Schwalber (CSU):

> »Zum Präsidialsystem kurz nur folgendes: Dieses System funktioniert in USA in keineswegs idealer Weise. Verbindet sich das Präsidialsystem mit der sehr suggestiven Persönlichkeit etwa eines Roosevelt und mit Schwierigkeiten, die es nahelegen, denselben Präsidenten mehrmals zu wählen, so häuft sich in der Hand dieses Präsidenten und der von ihm geleiteten Verwaltung eine Machtfülle an, die eine beträchtliche Aushöhlung der Demokratie darstellt und die große Gefahr mit sich bringt, daß eine Politik gegen die Lebensinteressen des Landes geführt wird. Es ist meine feste Überzeugung: Die diktatorische Regierungsweise des in seinen letzten Lebensjahren kranken und nicht mehr voll urteilsfähigen Präsidenten Roosevelt hat die Welt in die tragische Situation gebracht, daß Amerika den

Krieg zwar militärisch hundertprozentig gewonnen, aber politisch, im Kampf gegen den Feind der Freiheit, den es heute noch gibt, schon weitgehend verloren hat. Politisch steht die Partie heute höchstens remis. Diese unheilvolle Entwicklung rührt in erster Linie daher, daß ein viele Jahre lang fast uneingeschränkt regierender Präsident, der bestimmt nicht mehr auf der Höhe seiner Fähigkeiten stand, in Teheran und Jalta die Situation so gröblich verkannt hat, wie es nicht möglich gewesen wäre, wenn er einer wirksamen parlamentarischen Kontrolle unterstanden hätte. Ich darf in Parenthese noch hinzufügen: Die Pferdekur in Gestalt des Morgenthau-Plans ist mit ihren für Deutschland verhängnisvollen Auswirkungen überhaupt nur aus dieser Überspannung des Präsidialprinzips erklärbar.«[59]

Gerüchte um die alliierte Kriegszielpolitik, über die damals in Deutschland wenig Genaues bekannt war, wurden immer wieder auch polemisch gegen das Modell Amerika in die Debatte geführt.

Nachdem die Anhänger des präsidentiellen Systems unterlegen waren, übertrugen sie ihre Liebe auf die Stabilisierung der Regierung, vor allem durch das konstruktive Mißtrauensvotum. Diese Lösung wurde vielfach als »Ersatzpräsidentialismus« gebrandmarkt.

Die Amerikaner haben im Streit der Parlamentaristen und der Anhänger der präsidentiellen Regierung offenbar keinen Einfluß zu nehmen versucht. Die Auflagen und Einsprüche der Alliierten konzentrierten sich hauptsächlich auf den Föderalismus. Unter den drei Alliierten hätte sich auch schwerlich eine Mehrheit für das präsidentielle System finden lassen. Einzelne Berater Clays – wie Carl Joachim Friedrich – haben den deutschen Parlamentariern immer wieder die Einführung des präsidentiellen Systems nahegelegt, aber ein Druck wurde in dieser Frage offenbar nicht ausgeübt[60].

4. Ein Sonderfall der Schaffung eines semi-präsidentiellen Systems liegt in *Frankreich* vor. Hier ging es vor allem um die *Wiederherstellung des Gleichgewichts zwischen Präsident und Parlament.*

Bei der Schaffung der Verfassung der Vierten Republik hatte

die Propaganda für ein präsidentielles System nur geringen Einfluß gehabt, obwohl es auch in Frankreich einige Publizisten gab, die ein präsidentielles System für die neue Verfassung empfahlen. In der Résistance hatte nur eine konservative Gruppe um Blocq-Mascart 1943 eine Variante der präsidentiellen Verfassung propagiert[61]. Es war kein Zufall, daß Blocq-Mascart beim Untergang der Vierten Republik erneut publizistisch für ein semi-präsidentielles System eintrat und im beratenden Verfassungskomitee von 1958 ein eifriger Verteidiger der Pläne de Gaulles gegenüber den mißtrauischen Parlamentariern war. Während des Krieges neigten so verschiedene Publizisten wie Jacques Maritain und Léon Blum einer Abart des präsidentiellen Gedankens zu. Blum drückte sich dabei in der vielzitierten Stelle von 1941 sehr vage aus: »Ich für mein Teil neige zu einem System vom amerikanischen oder Schweizer Typ, das sich auf Trennung und Gleichgewicht der Gewalten gründet.«[62] Blum kehrte nach dem Kriege rasch zur Idee parlamentarischer Regierung zurück, die in seiner Partei vorherrschte und um deren Reform er sich schon zwischen den Weltkriegen publizistisch verdient gemacht hatte. Diese Rückwendung zum Parlamentarismus wurde bei Blum nicht zuletzt durch das Mißtrauen gegen de Gaulle bewirkt, dem man – nicht ganz zu Recht – eine Vorliebe für das präsidentielle System nachsagte. Am 9. Oktober 1946 schrieb Blum im »Populaire«, daß de Gaulles Person das gewichtigste Argument gegen das Verfassungsregime sei, das er vertrete[63]. De Gaulles Gegenkandidat bei der 2. Präsidentenwahl François Mitterrand sollte 1965 das gleiche Argument wiederholen. Er kam in einer Würdigung des präsidentiellen Systems zum Ergebnis, daß der Gaullismus dieses System kompromittiert habe, da man die Gefahren, die das System impliziert, an seiner Regierungspraxis messen würde.

Die Verfassungspläne der Parteien und einzelner Abgeordneter, die den beiden konstituierenden Nationalversammlungen von 1946 vorlagen, vertraten Varianten der parlamentarischen Verfassung. Nur der Entwurf des Außenseiters Jean-Pierre Giraudoux hatte in einer seltsamen autoritären Mischung Anleihen im Schweizer und im amerikanischen System zugleich aufgegriffen. Als Giraudoux' Vorschläge von allen Parteien verworfen wurden, erklärte er am 11. April 1946: »Ich weiß, daß meine Verfassung nicht die der Vierten Republik sein wird. Ich tröste mich, indem ich mir sage, daß sie vielleicht die Verfassung der Fünften Republik sein wird.«[64] Der Starrsinn dieses geschlagenen Außenseiters bekam rückwirkend ab 1958 einen unerwartet prophetischen Gehalt.

Die Agitation der Gaullisten wie René Capitant oder Michel Debré gegen die Verfassung der Vierten Republik enthielt keine direkte Werbung für ein präsidentielles System. Auch die berühmte Rede de Gaulles in *Bayeux*, die zum Fanal der »Revisionisten« und Unzufriedenen in der Vierten Republik wurde, enthielt einige Grundzüge des Systems von 1958, nicht aber die Befürwortung des amerikanischen Systems, wie sie de Gaulle häufig unterstellt wurde. Die Begriffsverwirrung, die im Deutschen durch die Unterscheidung von präsidentiellem System und Präsidialregierung bereits angebahnt wurde, hat sich im Französischen weiter zugespitzt, da man hier häufig den einen Ausdruck »régime présidentiel« für beide Systeme verwandte. Der Gegensatz der parlamentarischen und der »präsidialen« Verfassungskonzeption spielte bis in die Abstimmungen über konkrete Sachfragen hinein eine Rolle. Ministerpräsident Ramadier erklärte vor einer Abstimmung im Frühjahr 1947, die über das Schicksal seiner Regierung entschied: »Man hat dem parlamentarischen Regime ein Präsidialregime gegenübergestellt. Ich beschwöre jene, die für das Präsidialregime sind, gegen mich zu stimmen.«[65]

Nach dem Zusammenbruch der Vierten Republik haben nicht wenige Franzosen gefürchtet, de Gaulle werde ein präsidentielles System schaffen. Als de Gaulle seine Pläne im Kreis der Fraktionsvorsitzenden der Parteien in einer Vorbesprechung vom 31. Mai 1958 darlegte, waren viele erleichtert, daß er den Parlamentarismus nicht völlig abschaffen wollte und kein konsequent dualistisches System forderte. Die Parlamentarier, denen im beratenden Verfassungsausschuß nur geringer Spielraum zur Meinungsäußerung und gar keine Möglichkeit zur Verhinderung der Regierungspläne eingeräumt worden war, kämpften gleichwohl erbittert gegen einzelne Anleihen aus dem amerikanischen System. Die Stärkung des Präsidenten wurde ziemlich kampflos hingenommen, zumal de Gaulle zunächst auf die direkte Volkswahl verzichtete. Paul Reynaud, Coste-Floret und Teitgen kämpften besonders gegen die Inkompatibilität zwischen Abgeordnetenmandat und Ministeramt.

Man hat sich oft gefragt, warum de Gaulle damals nicht stärker vom herkömmlichen Schema der Gewaltenteilung abwich. Der geistige Vater der Verfassung von 1958, Michel Debré, erklärte als Justizminister in einer Rede vom 27. August 1958 vor dem Conseil d'Etat, warum die Einführung einer voll präsidentiellen Verfassung nicht geplant wurde: »Die Qualitäten des präsidentiellen Systems sind evident ... aber weder das Parlament in seinem durch das Gesetz vom 3. Juni geäußerten Reformwillen, noch die Regierung, als sie dieses Gesetz vorlegte und später anwandte, sind der Versuchung erlegen, und ich glaube, es war ein Akt der Klugheit.«[66] Ausländische Betrachter haben die Erwägungen de Gaulles und Debrés dahin interpretiert, daß de Gaulle noch keinen vollständigen Bruch mit der parlamentarischen Tradition Frankreichs wagen konnte[67]. Die willkürliche Verfassungsänderung von 1962, bei der die Volkswahl des Präsidenten eingeführt wurde, hat den Vermutungen neue Nahrung gegeben, daß de Gaulle von Anfang an weitergehende Pläne hatte, sie aber mit Rücksicht auf die öffentliche Meinung zurückstellte. Es ist nicht auszuschließen, daß Debré bei dieser Entscheidung den größten Einfluß hatte. Seine Bücher, zur Zeit der Vierten Republik geschrieben, lassen vermuten, daß er selbst mehr dem »orleanistischen Parlamentarismus« als einem voll präsidentiellen System zuneigte. Debré selbst hatte seinen Rücktritt 1962 unter möglichster Schonung de Gaulles mit seiner Gegnerschaft gegen die geplanten Verfassungsänderungen begründet. Trotz dieser Bescheidung wurde 1958 immer geargwöhnt, de Gaulle wolle die Minister vom Präsidenten abhängig machen und nicht vom Parlament. Die Alternative »Präsident, der präsidiert – oder Präsident, der regiert« war umstritten. De Gaulle beantwortete solche Fragen der Abgeordneten des Verfassungsausschusses ganz im Sinne der parlamentarischen Regierung. Er verteidigte zwar das Auflösungsrecht ohne Gegenzeichnung der Regierung, leugnete aber, daß es eine doppelte Verantwortlichkeit der Minister vor dem Präsidenten und dem Parlament zugleich geben werde, die de facto zum Präsidialsystem führen könnte[68]. Das Recht des Präsidenten, das Parlament ohne Gegenzeichnung der Regierung aufzulösen, das schon in der Weimarer Nationalversammlung von den Deutschnationalen gefordert worden war, blieb in den Empfehlungen der Kommission – trotz des Widerstandes einzelner Parlamentarier – seltsamerweise unangetastet. Damit hatten die Anhänger der parlamentarischen Regierung selbst einen wichtigen Punkt der Regeln des Systems aufgegeben. Präsidentiell war diese Verfassungsfigur jedoch nicht, da die Auflösung sich mit dem präsidentiellen System nicht verbinden läßt. Solche Konzessionen hätten die Parlamentarier allerdings vermutlich nicht gemacht, wenn sie geahnt hätten, daß die Verfassung nach wenigen Jahren zugunsten eines volksgewählten Präsidenten geändert werden würde.

De Gaulle selbst war kein Freund eines voll präsidentiellen Systems nach amerikanischem Vorbild. Auf einer Pressekonferenz vom 31. Januar 1964 sprach er sich vor allem gegen die Zusammenlegung der Ämter des Staats- und des Regierungschefs aus, die das präsidentielle System mit sich brächte. Er beschwor dabei die Gefahren eines völligen Deadlocks zwischen den Gewalten im Falle einer Obstruktion des Parlaments, die zur allgemeinen Paralyse des Systems führen müßte, in der dem Präsidenten nur zwei Auswege blieben: das »pronunciamento« oder die Demission. Gerade die letzte Möglichkeit ließ ihn schaudern[69]. De Gaulle sah realistisch, daß er im gegenwärtigen System eine wesentlich stärkere Stellung hatte, als er im präsidentiellen System haben konnte.

Seit der Verfassungsänderung von 1962 sind auch zahlreiche Kritiker der Verfassung von 1958 ins Lager der Anhänger des präsidentiellen Systems übergegangen. »Revision« war einst das Schlagwort der rechten Gruppen in der Dritten und Vierten Republik, die Linken dagegen hatten immer ein starkes Mißtrauen gegen alle Revisionspläne bewahrt, so viel sie auch an der Verfassung auszusetzen hatten, die stark konservative Züge trug. Später wurde die Revision der Verfassung zugunsten eines vollpräsidentiellen Systems sogar von Männern befürwortet, die links von den Gaullisten standen. Duverger, der 1958 als scharfer Kritiker der Verfassung auftrat, gehörte zu ihnen[70]. Dennoch wurde die »präsidentielle Bewegung« von vielen überschätzt. Nicht nur die Kommunisten erwiesen sich als ziemlich immun gegen den Gedanken einer präsidentiellen Verfassung[71]. Die meisten Sozialisten waren

Gegner des präsidentiellen Systems. Bei einer Umfrage behauptete André Philip, das präsidentielle System sei weder stabil noch effektiv, und nannte es das schwächste aller Regierungssysteme, während Jules Moch stärker dem traditionellen Vorurteil huldigte, der Präsidentialismus gehöre in die Tradition eines Bonaparte, eines Boulanger, eines Poujade. Der Präsidentschaftskandidat der Linken von 1965, François Mitterrand, leugnete, daß seine Kandidatur eine implizite Anerkennung des semi-präsidentiellen Systems bedeutete, und versuchte sich aus dem Streit der Präsidentialisten und der Parlamentarier herauszuhalten. Er war der Ansicht, daß der Kampf der beiden Gruppen nur das Hauptziel des Augenblicks vergessen lasse: die gemeinsame Front gegen die gegenwärtige Macht in Frankreich, die weder »parlamentarisch« noch »präsidentiell« sei[72]. Gaston Defferre war der einzige Sozialist, der konkrete Vorschläge zur Abänderung des bestehenden Systems machte. Zu seinen Amendment-Vorschlägen gehörte die Verkürzung der Amtszeit des Präsidenten auf fünf Jahre und ihre Angleichung an die Legislaturperiode (um dem Wähler klarzumachen, daß der Präsident die Mitarbeit einer parlamentarischen Mehrheit braucht), die Abschaffung des Artikels 16, die Beschränkung des Referendums und schließlich die Schaffung eines wirklichen »conseil constitutionnel«. Grundsätzlich schien er jedoch manches an der bestehenden Verfassung zu billigen.

Die Ablehnung einer Präsidentialisierung der Verfassung von 1958 war nicht auf die Linke beschränkt. Paradoxerweise fand sich das leidenschaftlichste Plädoyer gegen das präsidentielle und für das parlamentarische System bei Tixier-Vignancour. Tixier plädierte ähnlich wie die konservativen Indépendants für die Anwendung der bestehenden Verfassung nach der Devise »gut oder schlecht – sie ist mein Gesetz«[73]. Nur der MRP-Abgeordnete Coste-Floret, der einer der einflußreichsten Politiker in den verfassunggebenden Gremien von 1946 und 1958 gewesen war, bekannte sich zur »Personalisierung der Macht« und zur »Simplifizierung der Politik« durch die klare personelle Entscheidungsmöglichkeit der Wählerschaft im präsidentiellen System. So verschiedene Schriftsteller wie der Philosoph Gabriel Marcel oder der Chefredakteur von »Le Monde«, Jacques Fauvet, waren skeptisch gegenüber dem präsidentiellen System. Georges Vedel hatte bereits früher vor der »Mythologie des präsidentiellen Systems« gewarnt.

Es zeigte sich, daß die Werbung für das präsidentielle System bei vielen eine »Flucht nach vorn« bedeutete. Das semi-präsidentielle System der Fünften Republik hatte das Parlament entmachtet. Nicht wenige versprachen sich von einer konsequenteren Gewaltenteilung, wie sie dem präsidentiellen System eigen ist, eine Aufwertung des Parlaments. Man besann sich darauf, daß das präsidentielle System häufig das »präsidentiell-kongressionale System« genannt worden ist. Es war zu befürchten, daß eine Einführung des amerikanischen Systems nach dem Abgang de Gaulles nur die Fortsetzung de Gaullescher Illusionen ohne de Gaulle geworden wäre. Selbst im gegenwärtigen System, in dem – nach de Gaulles eigener Überzeugung – die Stellung des Präsidenten stärker war als im amerikanischen System, hatte die alles beherrschende Stellung des Präsidenten nicht die heilsame Folgen für das Parteisystem, das Wählerverhalten und die parlamentarischen Sitten zur Folge gehabt, die man sich davon erhoffte. Man kann jedenfalls sagen, daß de Gaulle denkbar ungeeignet war, als Vorbild eines Präsidenten im amerikanischen System zu dienen. Der Präsident amerikanischen Vorbilds muß seine Position als Parteiführer stärken, um die Kluft zwischen Kongreß und Regierung zu überbrücken. De Gaulles antiquierte Verachtung für den Parteienstaat hat sogar seine eigene Anhängerschaft zur Partei wider den Willen ihres integrierenden Symbols werden lassen. De Gaulle hat, statt sein Charisma des Nationalhelden als moderner Parteichef zu erproben, der die historisch gespaltene französische Rechte sammelt, sein Organisationstalent im Dienst einer Fachmannsideologie in Verbindung mit einer parteipolitischen Teile- und Herrsche-Politik angewandt.

De Gaulles Rückkehr zum halbdualistischen System war weniger am präsidentiellen System inspiriert als am vorparlamentarischen konstitutionellen Dualismus orleanistischer Prägung. Die Beanspruchung des Monopols auf Repräsentation der Nation führte unter de Gaulle gelegentlich zu Erscheinungen, die einst schon die Politik in konstitutionellen Monarchien erschwert hatte: etwa wenn die Mehrheit der Kammer sich als Opposition fühlte. Im rein parlamentarischen System wäre eine Opposition, wie sie Senatspräsident Monnerville 1962 zu organisieren versuchte, kaum denkbar gewesen.

Erstmals für die Wahlen im März 1986 wurde eine erneute Krise des semi-präsidentiellen Systems herbeigeredet. Mitterrand sollte von UDF und RPR gleichsam »Macmahonisiert« werden. Nach dem historischen Präzedenzfall drohte man für den Fall des Wahlsieges mit der Devise »se soumettre ou se démettre« (sich unterwerfen oder zurücktreten). »Cohabitation« unterschiedlicher Mehrheiten würde durch »Koalitionsstreik« einzelner Exponenten von vornherein erschwert. Damit beginnt eine neue Diskussion um die Möglichkeit, die Fünfte Republik in ein voll präsidentielles System zu transformieren. Frühere Würdigungen der Spezialisten hielten gerade dies für ausgeschlossen. Ein Frankreichkenner wie Stanley Hoffmann hatte anfangs sogar eher eine Reparlamentarisierung des Regimes für wahrscheinlich gehalten[74].

Dennoch wurde häufig die »Logik des Systems« beschworen, um die Präsidentialisierung nahezulegen. Durch den Machtwechsel von 1981 schien diese Entwicklung gestoppt.

Mitterrand hatte 1964 den schrittweisen Ausbau der Macht des Präsidenten als »permanenten Staatsstreich« gebrandmarkt[75].

Ab 1974 hatte sich der Kandidat der Linken an den Präsidentialismus und die Suprematie des Präsidenten Schritt für Schritt angepaßt. Ab 1981 hatte er in manchem gaullistischer als de Gaulle regiert[76]. Für den Fall zweier feindlicher Mehrheiten wird auch bei den Sozialisten die volle Präsidentialisierung des Systems wieder diskutiert. Guy Mollet hat einst ohne Begeisterung für das amerikanische System resignierend vorgeschlagen, den Zwitter dadurch zu beseitigen, daß man das Volk zwischen zwei Modellen, einem parlamentarischen und einem präsidentiellen, wählen lasse[77], ein gutgemeinter Vorschlag, der ganz sicher das Volk überfordert und Sandhaufenmehrheiten unter Umständen die Entscheidung über das System überlassen hätte. Der linke Flügel – wie ihn Pierre Mauroy repräsentiert – ist noch immer strikt gegen ein voll präsidentielles System[78]. Die Wahlrechtsreform von 1985, ein Zurück zum Verhältniswahlrecht für das Parlament, muß jedoch eher als Schritt in eine parlamentarische Richtung gedeutet werden.

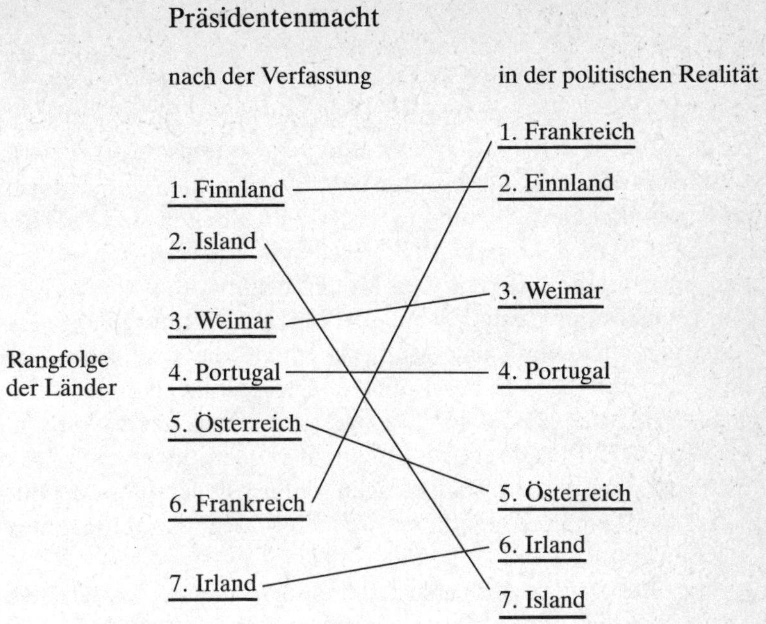

Quelle: Maurice Duverger: Le système politique français. Paris, PUF, 1985, 18. Aufl., S. 522.

Europäische Politikwissenschaftler sind vorsichtig geworden, Prognosen über die Auswirkungen von institutionellen Reformen zu wagen. In semi-präsidentiellen Systemen, die nicht den gesamten Kontext amerikanischer Einrichtungen übernommen haben, zeigen sich Disproportionen zwischen der Macht des vom Volk gewählten Präsidenten gemäß der Verfassung und in der Realität unter den Restriktionen des Parteiensystems und der Stärke des Parlaments (vgl. obiges Schema).

Das einzige Mittel, diese Kluft zu schließen, wäre ein Nachgeben gegenüber der »amerikanischen Versuchung«, von der die französische Literatur häufig spricht, ohne ihr wirklich nachzugeben.

d) Der Fehlschlag des präsidentiellen Systems in der Dritten Welt

Das Modell Amerika war im internationalen Ansehen vielfach durch den Fehlschlag des präsidentiellen Systems in Lateinamerika beeinträchtigt. Durch die südamerikanischen Erfahrungen kam es in den Geruch, anfällig für die Entartung in eine Diktatur zu sein. Die meisten südamerikanischen Staaten haben diese Gefahr nicht mit der Abkehr vom Modell beantwortet, sondern haben versucht mit mechanischen Mitteln der Diktaturgefahr Herr zu werden. Die einfachste Methode schien, die Wiederwahl des Präsidenten rigoros zu beschränken. Gelegentlich hat man dabei in bester Absicht zuviel des guten getan. In Chile hat die Unmöglichkeit, 1970 Präsident Frei erneut zu wählen, nicht wenig zum Untergang des Systems beigetragen, denn Allende hätte vermutlich gegen einen Kandidaten wie Frei keine Durchsetzungschancen gehabt.

Nur selten wurde mit verschiedenen Systemen experimentiert, wie in *Brasilien* in den 60er Jahren. Man hat sich jedoch so rasch wieder von einem Versuch mit der Alternative des parlamentarischen Systems abgewendet, daß ein echter Vergleich der Leistungsfähigkeit der beiden konkurrierenden Demokratiemodelle in Brasilien nicht möglich war. Am 29. August 1961 billigte ein Ausschuß des brasilianischen Kongresses einen Vorschlag, die parlamentarische Regierungsweise an die Stelle des präsidentiellen Systems treten zu lassen, am 31. August billigte der Kongreß die Vorlage. Expräsident Kubitschek stimmte dabei mit »nein«, weil die Änderung der Verfassung von den Exekutivorganen erpreßt worden sei. Präsident Goulart, der sich zur Zeit des »Staatsstreichs« im Ausland befand und vor vollendete Tatsachen gestellt worden war, gab am 3. September über den Rundfunk seine Zustimmung zu der Verfassungsänderung. Die Minister der Armee, der Flotte und der Luftwaffe mußten ihren Truppen empfehlen, sich der »souveränen Entscheidung« des Kongresses zu beugen. Am 7. September wurde Goulart als Präsident investiert und am folgenden Tag wurde der Sozialdemokrat Tancredo Neves der erste parlamentarische Ministerpräsident. Das System wurde schwer dadurch belastet, daß der zweite designierte Ministerpräsident Dantas in der Investiturabstimmung am 28. Juni 1962 durchfiel, und der dritte Ministerpräsident Brochado am 13. September zurücktreten mußte, da die Mehrheit seiner Regierung nicht bereit war, die Vertrauensfrage wegen der geplanten Volksabstimmung über die Existenz des parlamentarischen Systems zu stellen. Die Kritik gegen das parlamentarische System verschärfte sich rasch, und am 7. Januar 1963 wurde in der Volksabstimmung die Wiedereinführung des präsidentiellen Systems mit 4,8 Mill. Stimmen gegen 912000 Stimmen, die für das parlamentarische System abgegeben worden waren, beschlossen. Präsident Goulart setzte sich persönlich für das präsidentielle System ein.

Die lange Herrschaft der Militärs hat jedoch diese Episode für den Vergleich der Funktionsweise von parlamentarischen und präsidentiellen Systemen in einem Lande wenig aussagekräftig werden lassen.

Es hat bisher keine erfolgreiche Rezeption des präsidentiellen Systems außerhalb der Vereinigten Staaten gegeben. Gleichwohl ist davor zu warnen, dies als hinreichendes Argument für die Unzulänglichkeit des präsidentiellen Systems zu benutzen. Der Hinweis auf Südamerika ist besonders wenig stichhaltig, da die südamerikanischen Systeme – wie die Versuche mit dem präsidentiellen System in Südkorea, auf den Philippinen oder in Liberia – unter sozialen Bedingungen sich entwickeln mußten, die jede Variante der modernen repräsentativen Demokratie gefährden[79]. Auch die parlamentarischen Systeme funktionierten in Südamerika nicht befriedigend, und immer wieder ist die Bewährung des präsidentiellen Systems in Südamerika vergleichsweise recht hoch eingeschätzt worden[80]. Die Erfahrungen mit dem parlamentarischen System in Chile oder Bolivien wurden dagegen oft recht negativ bewertet[81].

Der chilenische Politiker Arturo Alessandri, der eine Lobeshymne auf das präsidentielle System publizierte, konnte sich in Chile zum Initiator einer Reform machen, in der die Abhängigkeit der Exekutive von Voten des Parlaments aufgegeben wurde. In zahlreichen südamerikanischen Ländern wurde eine Mischform zwischen beiden Systemen, die des »Präsidenten im Ministerrat« gewählt, und die parlamentarische Komponente wurde gestärkt, um dem »caudillismo« vorzubeugen[82]. Diese Mischform hat sich jedoch nirgendwo als Hindernis für den Präsidenten entwickelt. Da die Präsidentenwahl meistens zusammen mit der Wahl für das Parlament stattfindet, steht diese ganz im Schatten der Präsidentenwahl. Patronage und Drohung sind Mittel des Präsidenten, die Mehrheit in der Legislative auch für die Zukunft zu sichern. Die Anwendung parlamentarischer Mittel wie des Mißtrauensvotums gegen Minister des Präsidenten erwiesen sich häufig nur als Vorboten eines »pronunciamento« gegen den Präsidenten selbst[83].

Die Episode in Brasilien hat eine reiche Pamphletistik für und wider das präsidentielle System hervorgebracht. Raul Pilla, der in der Krise vom Sommer 1961 einer der führenden Parlamentaristen war, die auf die Verfassungsänderung drängten, war bereits 1958 mit einem Buch hervorgetreten, das die Überlegenheit des parlamentarischen Systems über das präsidentielle zu beweisen trachtete[84]. Auch der erste Ministerpräsident Tancredo Neves hielt das parlamentarische System für Brasilien für das angemessenere und demokratischere[85]. Die Verteidiger des Präsidentialismus machten geltend, daß der Föderalismus Brasiliens sich besser mit dem präsidentiellen System verbinden lasse[86] – ein Argument, das aus der antiparlamentarischen Literatur Europas hinreichend bekannt ist. Es wurde außerdem behauptet, daß das parlamentarische System nur für kleine Länder angemessen sei, während große Territorien besser mit dem präsidentiellen System führen. Außerdem wurden dem Entwicklungsland Brasilien Vorteile bezüglich der Planung durch das präsidentielle System nachgesagt. Die Regierungsstabilität, unabhängig von den Schwankungen der öffentlichen Meinungen, wurde zusätzlich als Vorteil herausgestellt. Das präsidentielle System galt gleichsam als die ideale Mischform von Entwicklungsdiktatur und konstitutioneller Gewaltenteilung. Es wurde daher häufig unterstellt, daß die parlamentarische Regierung einen höheren Entwicklungsgrad voraussetze, den Brasilien in den 60er Jahren noch nicht hatte[87].

Die rationale Argumentation für und gegen das präsidentielle System spielte dabei die geringste Rolle. Die beiden Regierungsformen wurden zu Mitteln im Machtkampf von Gruppen, und es fehlte nicht an Diskriminierungsversuchen gegenüber der parlamentarischen Regierungsform als einer »kommunistischen Verschwörung« gegen die »gute alte Ordnung«, wie sie seit 1946 von Varga eingeführt worden war. Das Militär verhielt sich in diesem Verfassungskampf vorwiegend abwartend[88].

Der Fehlschlag der Übertragungsversuche des präsidentiellen Systems in Entwicklungsländern kann dem präsidentiellen System als solchem nur zum geringeren Teil angelastet werden. Gefährlicher als die Institutionen des präsidentiellen Systems erscheint die Art der Rekrutierung der führenden Politiker, die in den kürzlich unabhängig gewordenen Entwicklungsländern vorherrscht. Nur eine kleine Gruppe von Männern hat ernsthaft Chancen auf Erfolg. Lediglich Politiker, die Führer der Befreiungsbewegung waren, setzten sich durch, und es herrscht die Tendenz, auf Jahrzehnte hinaus den Wettbewerb um die Macht nur unvollkommen zu gestalten. Brogan hat darauf hingewiesen, daß dies keine neue Belastung des präsidentiellen Systems ist. In den USA wurde van Buren 1837 der erste Präsident, der keine direkte Beziehung mehr zur amerikanischen Revolution hatte. Auch in den Vereinigten Staaten war der politische Wettbewerb durch die Flucht der Tories nach Kanada oder England auf Jahrzehnte hinaus unvollkommen[89]. Die Gefahren, die daraus entstehen, sind unter einem nicht-präsidentiellen System keineswegs geringer. Man kann dem präsidentiellen System eher stärkere Barrieren gegen die Machtusurpation nachsagen als dem parlamentarischen. Übertragungsversuche in Afrika und Südamerika haben allerdings auf eine ganze Reihe der Sicherungen gegen den Machtmißbrauch verzichtet, die die Foundingfathers einbauten oder die sich später durch die politische Dynamik (z. B. durch Erstarkung des Supreme Court) herausbildeten.

Es erschwert die Beurteilung der dualistischen Verfassungen, daß sie jeweils nur in einem historisch gewachsenen Exemplar überlebt haben. Organizistische Vorurteile gegen die Verfassungsübertragung sind daher in der Wertung der dualistischen Verfassungen besonders verbreitet. Nach dem Abklingen der Ideologie des »echten britischen Parlamentarismus« hat sich die Publizistik daran gewöhnt anzuerkennen, daß die Grundzüge des parlamentarischen Systems sich sehr wohl verpflanzen ließen, daß sie allerdings einem erheblichen Funktionswandel in den verschiedenen Ländern unterlagen. Es bestreitet heute niemand mehr, daß ein parlamentarisches System mit einem indirekt vom Volk gewählten Präsidenten wie das finnische trotz vieler Schwierigkeiten seine Lebensfähigkeit bewiesen hat. Israel hat die parlamentarische Regierung auch ohne das Parlamentsauflösungsrecht verwirklicht, das meist als conditio sine qua non des Systems galt, oder die Niederlande wurden parlamentarisiert unter Beibehaltung der Inkompatibilität von Abgeordnetenmandat und Ministerposten. Solche Erfahrungen über die Abwandlungsmöglichkeiten des präsidentiellen Systems fehlen uns. Die amerikanische Publizistik steckt noch voll von altertümlichen Behauptungen, wie der, daß das parlamentarische System in Amerika eine exotische Pflanze sei, die unter den sozialen Verhältnissen Amerikas nicht gedeihen könne[90]. Diese Behauptung kann mit dem Beispiel Kanadas eindeutig widerlegt werden. Niemand wird leugnen, daß Kanada – vielleicht mit Ausnahme von Quebec – ähnliche soziale Bedingungen aufweist wie die Vereinigten Staaten und sogar in seiner föderalistischen Struktur mit den USA vergleichbar ist. Auch Australien könnte zum Vergleich herangezogen werden, was in der vergleichenden Literatur bisher viel zuwenig geschehen ist. Während heute die Behauptung, eine parlamentarische Regierung sei in Nordamerika nicht lebensfähig, empirisch falsifiziert werden kann, ist die Gegenbehauptung: das präsidentielle System sei in Europa nicht lebensfähig, bisher nur mit Partialanalysen und mit Vermutungen in Zweifel zu ziehen.

e) Abschließende Betrachtungen

Scheitern oder Umfunktionierung der Übertragung einzelner Institutionen des präsidentiellen Systems sind häufig zum Werturteil über das ganze amerikanische System der Demokratie mißbraucht worden. Vermutlich ist das Vorurteil, die präsidentielle Regierung würde sich in Europa nicht heimisch machen lassen, wegen der stärkeren Fragmentierung der Gesellschaften weniger unhaltbar als die Behauptung, das parlamentarische Regierungssystem in Amerika sei nicht lebensfähig. Es käme für einen Testfall eher auf die Frage an, welches der parlamentarischen Systeme sinnvoll für Amerika sein könnte.

Die bloße Lebensfähigkeit des präsidentiellen Systems in Europa ist jedoch kein ausreichender Grund dafür, es den europäischen Ländern zu empfehlen. Vor allem deshalb nicht, weil einige der heilsamen Folgen, welche die Kritiker des Parlamentarismus sich vom präsidentiellen System versprechen, entweder vielen keineswegs als so erstrebenswert erscheinen oder aber gar nicht notwendigerweise in Europa eintreten würden. Dazu müssen eine Reihe von Punkten diskutiert werden, in denen das präsidentielle System in der Literatur häufig dem parlamentarischen gegenüber als überlegen gilt.

1. In Zeiten des Primats der Außenpolitik wird dem präsidentiellen System größeres außenpolitisches Durchsetzungsvermögen und größere Wendigkeit in der Abwehr von Bedrohungen nachgesagt[91]. Dieses Argument wird im Vergleich zum parlamentarischen System gebraucht. Tocqueville, der das präsidentielle System mit der konstitutionellen Monarchie verglich, sah die Tatsache, daß der Präsident Amerikas vom Volk gewählt wurde, gerade als Quelle der Instabilität und Agitation an, die sich nur ein Land fern der außenpolitischen Weltkonflikte leisten konnte[92].

In Frankreich ist das Argument der außenpolitischen Autorität des volksgewählten Präsidenten im Zuge der französischen nuklearen Großmachtspolitik wieder populär geworden. Goguel hat 1964 geäußert, daß die nukleare Bedrohung der großen Staaten sofortige Entscheidungen verlange und keine Kabinettsberatung vertrage. Das präsidentielle System wird nach seiner Ansicht dieser Aufgabe des modernen Staates besser gerecht als das parlamentarische Kabinettssystem[93]. Anläßlich der Kriegskonferenzen wurden häufig Betrachtungen an den Zusammenhang von Regierungssystem und außenpolitischer Entscheidung geknüpft. Hopkins sah bei der Atlantik-Konferenz nur die positiven Seiten des präsidentiellen Systems: Roosevelt konnte allein entscheiden. Churchill dagegen mußte ständig mit dem War Cabinet, besonders mit dem Lord Privy Seal Attlee in London in Fühlung bleiben. Zu Recht ist darauf hingewiesen, daß der größere Bewegungsspielraum des amerikanischen Präsidenten mit einer größeren Isolierung verbunden war, die nur allzu leicht mit Hilfe unverantwortlicher Ratgeber des »Küchenkabinetts« kompensiert wurde. Man wird nicht sagen können, daß sich das präsidentielle

System im Krieg besser bewährt habe. Churchills Führung war auf ihre Weise so effektiv wie die Roosevelts, auch wenn Churchill häufig aus taktischen Gründen – z. B. in Jalta – damit kokettierte, daß er der einzig verantwortliche Regierungschef der Konferenz sei, und seine Abhängigkeit vom Parlament dazu benutzte, um übereilte Entscheidungen zu verzögern. Die naiv-doktrinäre Haltung Wilsons in Versailles oder Roosevelts in Jalta läßt sich nicht allein aus dem Regierungssystem Amerikas erklären. Aber es ist wahrscheinlich, daß ein parlamentarischer Regierungschef stärkere Rücksichten auf die Stimmung zu Hause hätte nehmen müssen, was nicht nur der Durchsetzbarkeit der Außenpolitik, sondern auch der Qualität der Entscheidungen wiederum zugute gekommen wäre.

Das parlamentarische System hat im Ersten Weltkrieg in Frankreich und Belgien schwere Krisen erstaunlich gut gemeistert. Dem präsidentiellen System sind außenpolitische Zerreißproben von diesem Ausmaß bisher erspart worden. Niemand wünscht einen solchen Test, da er heute gleichbedeutend mit Atomkrieg wäre, aber es steht zu vermuten, daß auch das präsidentielle System auf erhöhte Anforderungen befriedigend reagieren würde. Daraus ließe sich gleichwohl noch keine Überlegenheit dieses Regierungssystems in Fragen der außenpolitischen Entscheidungen ableiten.

2. Als populärster Vorteil des präsidentiellen Systems gilt es, daß es stabile Regierungen auf Zeit schafft. Dieser Grund ist zum wichtigsten Motiv der Befürworter des präsidentiellen Systems in Europa geworden. Auch aus diesem Argument kann nicht eindeutig auf die Überlegenheit des präsidentiellen Systems geschlossen werden. Gegen das Argument der Regierungsstabilität lassen sich mehrere Einwände vorbringen.

Am präsidentiellen System wird häufig einseitig die Kontinuität im Präsidentenamt gesehen. Die Diskontinuität in den Staatssekretariaten und den leitenden Behörden, die unter dem Präsidenten arbeiten, wird zuwenig in Rechnung gestellt. Es herrschte unter einigen Präsidenten eine Ämterrotation von fast antikem Ausmaß. Auch parlamentarische Systeme mit diffuser Parteistruktur kennen eine Ämterrotation in großem Umfang, die personelle Stabilität des ganzen Kabinetts ist aber trotz des Wechsels der Regierungschefs und des ständigen Ressorttauschs vergleichsweise hoch. Das semi-präsidentielle System der Fünften französischen Republik hat bereits ähnliche Wirkungen wie das amerikanische System auf die personelle Stabilität gehabt. Von den Mitgliedern des ersten Kabinetts vom 1. Januar 1959 waren 1965 nur noch zwei Minister – Jacquinot und Couve de Murville, im Amt. Von 27 Ministern und Unterstaatssekretären der Regierung Debré vom 9. Januar 1959 waren 1965 nur noch zwei in der gleichen Funktion – Malraux und Couve de Murville – und nur noch drei Politiker auf anderem Posten (Jacquinot, Giscard D'Estaing und Maurice-Bokanowski). Die übrigen 22 wurden bereits ausgetauscht. Von den 29 Mitgliedern der Regierung Pompidou vom April 1962 waren 1965 bereits zehn Mitglieder verschwunden, und fünf hatten ihr Amt gewechselt. Jules Moch, der diese Zahlen gegen ein präsidentielles System ins Treffen führte, bezweifelte mit Recht, daß die Kontinuität und Effektivität des semi-präsientiellen Systems größer sei als im parlamentarischen Regime. Es muß befürchtet werden, daß dieser Trend sich verstärken würde, wenn die parlamentarische Verantwortlichkeit durch alleinige Verantwortlichkeit vor dem Präsidenten ersetzt wird.

3. Dem präsidentiellen System in Verbindung mit dem Mehrheitswahlrecht wird häufig nachgesagt, es erleichtere das »alternative government«. Die amerikanische Geschichte lehrt jedoch, daß die Zyklen des Regierungswechsels eher längere Phasen aufweisen als im parlamentarischen System, obwohl es gerade in parlamentarischen Ländern Dauerregierer wie MacKenzie King in Kanada, Menzies in Australien, Ben Gurion in Israel, Adenauer in Deutschland, de Gasperi in Italien, Erlander in Schweden, Gerhardsen in Norwegen gegeben hat. Die Vorteile der Regierungsstabilität und Kontinuität sind mit Nachteilen verbunden. Die stabilsten Regierungen sind keineswegs immer die besten gewesen, und es muß eindringlich vor einer Fetischisierung der Stabilität als höchsten Verfassungswert in der repräsentativen Demokratie gewarnt werden. Die stabile Exekutive bei wechselnden Mehrheiten in den »mid term elections« drohten im präsidentiellen System Amerikas sogar besonders negative Folgen zu zeitigen. Ein genereller Einwand gegen das präsidentielle System ist dies jedoch nicht. Ein erfolgreicher Übertragungsversuch würde vermutlich auf diese Zwischenwahlen verzichten.

In diesem Zusammenhang erhält das klassische Argument der höheren Entwicklung des Beamtentums in Europa noch einmal Bedeutung. Die alte Tradition und die streng geregelte Rekrutierungsart des Beamtentums lassen in den meisten parlamentarischen Staaten Europas die Diskontinuität der Exekutivspitze weniger gravierend erscheinen.

4. Dem präsidentiellen System wird eine Tendenz zum *Zweiparteiensystem* zugeschrieben. Die Fülle der wahlrechtlichen Regelungen der Einzelstaaten läßt die Bedeutung des amerikanischen Wahlsystems von der des präsidentiellen Systems allgemein schwer abgrenzen. Ein präsidentielles System ohne relatives Mehrheitswahlrecht würde in Europa vermutlich keine Tendenz zum Zweiparteiensystem erkennbar werden lassen. Selbst das französische System mit zwei Wahlgängen läßt die Vorteile des Mehrheitswahlsystems nicht voll wirksam werden. Manche Betrachter haben allerdings den »primaries« in einigen amerikanischen Staaten zumindestens eine dem Mehrheitswahlrecht mit zwei Wahlgängen vergleichbare Wirkung zugeschrieben. Die vorliegenden Studien zu den »primaries« reichen für solche Generalisierungen noch nicht aus. V. O. Key hat in einem Vergleich von Einzelstaaten vor und nach der Einführung der »primaries« tiefgreifende Änderungen in Führerschaft und Verhalten der Parteien durch die Einführung der »primaries« festgestellt. Aber die Wirkung des Wahlsystems mit zwei Wahlgängen im Vielparteiensystem hat Züge, die der Einrichtung der »primaries« in den amerikanischen Staaten mit Zweiparteiensystem kaum vergleichbar sind. Die Polarisierung des Zweiparteiensystems ist keineswegs allein von Institutionen des Wahlrechts oder des Regierungssystems abhängig. Früher wurde gern die höhere politische Kultur der Angelsachsen als wichtigster Grund herausgestellt.

Kein Urteil über die Wirkungen des präsidentiellen Systems auf die Parteistruktur kann das Wahlmännerkollegium außer acht lassen. Dieses braucht man sich jedoch nicht notwendigerweise verbunden mit dem präsidentiellen System zu denken. Das Wahlmännerkollegium hätte in Amerika gerade zur Zersplitterung der Gruppen führen können, und bei einem versäulten Vielparteiensystem würden die Wähler nicht Bündnisse zur Mehrheitserleichterung eingehen, sondern würden vermutlich – wie nach der amerikanischen Verfassung möglich – jede Präsidentenwahl ins House of Representatives verlegen. Tocqueville hatte noch behauptet, daß das amerikanische Präsidentenwahlsystem keineswegs integriere, sondern die »ambitions particulières« fördere[94].

5. Dem präsidentiellen System wird eine effektivere Kontrolle der Regierung nachgesagt. Die parlamentarische Regierung mit ihrer Gewaltenverschränkung dagegen mache das Parlament der Regierung mehr und mehr untertan. Diese Auffassung ist zum Teil mit einer unzutreffenden Vorstellung vom parlamentarischen System gekoppelt: »Cabinet is the committee to end all committees, it can tolerate no rivals«[95], und die Macht des Ministerpräsidenten wird dabei ebenso übertrieben wie bei uns die angebliche Diktaturgefahr im präsidentiellen System. Die stärkere parlamentarische Kontrolle im präsidentiellen System ist durch eine antagonistische Haltung zwischen den Gewalten erkauft. Nur gemessen am konstitutionell-liberalen Ideal des 19. Jahrunderts, das sich an einem möglichst schwachen Staat orientierte, verdient das dualistische präsidentielle System den Vorrang.

6. Das präsidentielle System bietet nach einer weitverbreiteten Meinung besseren Schutz gegen die Willkür der Mehrheit und eignet sich besonders für jene Länder, in denen große regionale und funktionelle Differenzen in der Bevölkerung bestehen. Auch hier hat sich die Argumentation im Laufe der Geschichte verkehrt. Als die parlamentarische Regierung noch in Form der konstitutionellen Monarchie mit dem präsidentiellen System verglichen wurde, galt sie dem republikanisch-dualistischen System als überlegen, da der Fürst als pouvoir neutre nach konstitutioneller Doktrin besseren Schutz gegen die Willkür der Mehrheit bot als der volksgewählte Präsident, der für Tocqueville – in der Analyse der Regierungspraxis Präsident Jacksons – als Inkarnation majoritärer Willkür galt. Heute weisen manche Amerikaner darauf hin, daß der Vorwurf der Mehrheitstyrannei weit eher für das parlamentarische System zutrifft. In England hat das Zweiparteiensystem in Verbindung mit dem relativen Mehrheitswahlrecht zu so starken Schwankungen der Politik geführt, daß nach dem Krieg wechselnde Mehrheiten Zweige der Grundstoffindustrie nationalisierten und wieder reprivatisierten und damit der Wirtschaft durch ständige Umstrukturierung manchen Schaden zufügten. Zu Recht wird darauf hingewiesen, daß im präsidentiellen System so starke Ausschläge der Mehrheitsbeschlüsse nicht zu befürchten seien. Bei diesem Einwand wird jedoch das britische Vorbild mit dem Parlamentarismus schlechthin gleichgesetzt. Fast alle kontinentalen Länder haben ein parlamentarisches System verwirklicht, in dem die proportionalistische Konfliktvermittlung noch ausgeprägter ist als die Majorisierung. Gleichwohl besteht ein entscheidender Unterschied zwischen dem parlamentarischen und dem präsidentiellen System. Fritz Münch hat einmal überspitzt gesagt: »Die parlamentarische Regierung hat keinen Sinn, wenn sie nicht einer politischen Bewegung zur Verfügung stehen soll. Wo lediglich verwaltet, konserviert werden soll, wo langsame Reformen genügen, da geschieht der demokratischen Forderung mit dem amerikanischen oder dem Schweizer System genug.«[96] Auch diese Äußerung orientiert sich allzu stark am britischen Parlamentarismus und übersieht die Vielfalt der Konfliktschlichtung in anderen parlamentarischen Systemen. Gleichwohl läßt sich nicht leugnen, daß das parlamentarische Regierungssystem ein biegsameres Instrument für den Ausbau des modernen Daseinsvorsorgestaates ist. Das präsidentielle System dagegen setzt mit seinem komplizierteren System von »checks and balances« der Dynamik herrschender Parteien wesentlich mehr Widerstand entgegen. Dies erklärt zum Teil die Vorliebe vieler Liberal-Konservativer für das präsidentielle System, rechtfertigt aber auch die Bevorzugung des parlamentarischen Systems durch die Gruppen, denen die sozialpolitische Dynamik wichtiger ist als die konstitutionelle Bewahrung des Bestehenden.

Die alten reichlich essentialistischen Debatten um die Überlegenheit des präsidentellen Systems sind heute überholt. Seit langem wurde festgestellt, daß die Unterschiede zwischen dem präsidentiellen und dem parlamentarischen System immer zweitrangiger werden. Bertrand de Jouvenel hat den Trend zum »neopräsidentiellen« System in allen repräsentativen Demokratien bereits in eine Theorie über die Exekutive umgegossen und stellt – in Rückgriff auf die römische Verfassungsentwicklung – in allen Systemen eine Entwicklung zum »Prinzipat« fest[97]. Trotz dieser funktionalen Angleichung der repräsentativen Systeme bleiben gewichtige Unterschiede zwischen ihnen bestehen.

So alt wie die entstandenen Mischformen ist die Debatte um

ihre »wahre Natur« gewesen. Die aktuelle Diskussion um die semi-präsidentiellen Systeme mit einem volksgewählten Präsidenten verläuft jedoch in völliger Absehung vom präsidentiellen System der USA[98]. In Italien haben die Sozialisten die Debatte über eine Änderung des Systems in Gang gebracht. Wahlrechtsreform und Einkammersystem zeigen keine Inspiration am amerikanischen Modell. Die gelegentlich diskutierte »Präsidentialisierung« des Systems hat die Fünfte französische Republik, nicht jedoch die USA als Vorbild[99].

Anmerkungen

Teile dieses Kapitels erschienen in: Das präsidentielle Regierungssystem der Vereinigten Staaten in der Lehre der Herrschaftsformen. Karlsruhe, C. F. Müller, 1967.

1 Carl J. Friedrich: Man and His Government. New York, McGraw Hill, 1963, S. 188f.
2 Alexis de Tocqueville: De la démocratie en Amérique. Ed. J. P. Mayer. Paris, Gallimard 1961, Bd. I., S. 132.
3 Robert von Mohl: Enzyklopädie der Staatswissenschaften. Tübingen 1872, 2. Aufl., S. 108. In der 1. Aufl. 1859 fehlt die Bezeichnung noch.
4 Robert von Mohl: Die Bestellung der ausübenden Gewalt in der repräsentativen Demokratie. In: Staatsrecht, Völkerrecht und Politik. (Tübingen 1860), Nachdruck Graz, Styria, 1962, Bd. I. (467–497), S. 484ff.
5 Ebda., S. 493–535.
6 So zuletzt: Winfried Steffani: Gewaltenteilung im demokratisch-pluralistischen Rechtsstaat. In: PVS, 1962 (256–282), S. 271.
7 ähnlich: Giambattista Rizzo: La Repubblica presidenziale. Rom 1944, S. 330.
8 Max Ferrand (ed.): The Records of the Federal Convention of 1787. New Haven, Yale UP, Bd. I, S. 66.
9 Ebda., S. 65.
10 Ebda., S. 68.
11 The Federalist. Everyman edition, S. 265.
12 Ebda.
13 Stephen Horn: The Cabinet and Congress. New York, Columbia UP, 1960, S. 21; James MacGregor Burns: Presidential Government. Boston Cambridge 1966, S. 18.

14 Alexander H. Stephens: A Constitutional View of the Late Wars between the States. Philadelphia 1870, Bd. 2, S. 338.
15 Stephen Horn, opt. cit., S. 49.
16 Woodrow Wilson: Congressional Government, (1885). Cleveland, Meridian Book, 1956, S. 187.
17 Henry Hazlitt, in: New York Times, 8. 2. 1942; Thomas K. Finletter: Can Representative Government do the job? New York 1945; William Yandell Elliott: The Need for Constitutional Reform. New York 1935.
18 Livio Minguzzi: Governo di gabinetto e governo presidenziale. Bologna 1886, S. 359.
19 Don K. Price: The Parliamentary and Presidential Systems. In: Public Administration Review, 1943 (317–334).
20 Hugo Preuß: Deutschlands republikanische Reichsverfassung. Berlin 1923, 2. Aufl., S. 68.
21 Harold Laski: The Parliamentary and Presidential Systems. In: Public Administration Review, 1944, S. 347–359. Reprinted in: Selected Readings for Government, 1 a. Harvard University, 1960, S. 194–207.
22 Un deputato (Sidney Sonnino): Torniamo allo Statuto. In: Nuova Antologia, 1887, I, Jan. S. 9 ff. Wiederabgedruckt in: Nino Valeri (Hrsg.): La Lotta politica in Italia dall' unità al 1925. Idee e documenti Florenz 1962, 3. Aufl., S. 251–269.
23 vgl. Vincenzo Miceli: Carattere giuridico del governo costituzionale. Perugia 1894, Kap. V. Monarchia costituzionale ed il governo presidenziale, S. 113 ff., bes. S. 119, 126.
24 Livio Minguzzi: Governo di Gabinetto e governo presidenziale. Bologna 1882, 2. Aufl., S. 95 ff.
25 Don A. Cánovas de Castillo: Problemas contemporáneas. Madrid 1890, Bd. III, S. 109 f., 131.
26 Émile de Laveleye: Le gouvernement dans la démocratie. Paris 1896, Bd. 2, S. 120 f., 137.
27 Ernst Fraenkel: Deutschland und die westlichen Demokratien. Stuttgart, Kohlhammer, 1964, S. 82.
28 Comité de constitution: 1848, Procès verbaux (Handschriftliches Sinnprotokoll) Archives nationales, Paris, C 918, S. 59.
29 Ebda., S. 69.
30 Moniteur, Sitzung 5. Okt. 1848, S. 2725, Sp. 3.
31 Ebda., S. 2725, Sp. 2.
32 Alexis de Tocqueville: Souvenirs. Œuvres, Bd. 12, Paris, Gallimard, 1964, S. 209.
33 Frédéric Bastiat: Parlamentarische Unvereinbarkeiten. (1849). In: Ausgewählte volkswirtschaftliche und politische Schriften. Hamburg 1859, Bd. 2 (94–155), S. 94.
34 Eckhart G. Franz: Das Amerikabild der deutschen Revolution von 1848/49. Heidelberg 1958, S. 134; Thomas Ellwein: Der Einfluß des amerikanischen Bundesverfassungsrechtes auf die Verhandlungen der Frankfur-

ter Nationalversammlung im Jahre 1948/49. Diss. Erlangen 1950; Anton Schroll: Der Einfluß der nordamerikanischen Unionsverfassung auf die Verfassung des Deutschen Reiches vom 28. März 1949, Diss. Tübingen 1913.

35 Christian Carl Josias Bunsen: Die Deutsche Bundesverfassung und ihr eigentümliches Verhältnis zu den Verfassungen Englands und der Vereinigten Staaten. Zur Prüfung des Entwurfs der Siebzehn. Frankfurt/M. 1848, S. 17, 19.

36 vgl. Ellwein: Der Einfluß, op. cit., S. 133.

37 Franz Wigard (Hrsg.): Stenographischer Bericht über die Verhandlungen der deutschen constituirenden Nationalversammlung zu Frankfurt am Main. 1849, Bd. VIII, 6065, Sp. 1.

38 Ebda., Bd. I, S. 508, Sp. 2.

39 Ebda., Bd. I, S. 446, Sp. 1.

40 Verhandlungen der verfassunggebenden Deutschen Nationalsversammlung. Bd. 336, Bericht des Verfassungsausschusses, Berlin 1920, S. 233, Sp. 2, S. 232, Sp. 2.

41 Max Weber: Deutschlands künftige Staatsform. In: Ders.: Politische Schriften. Tübingen, Mohr, 1958, 2. Aufl., S. 457.

42 John Viktor Bredt u. a.: Das Werk des Herrn Preuß oder wie soll eine Reichsverfassung nicht aussehen? Berlin 1919, S. 9.

43 Preuß, op. cit., S. 68.

44 Heilfron (Hrsg.): Die Deutsche Nationalversammlung. Berlin 1919: Katzenstein, Bd. 4, S. 3587; Wels, Bd. 7, S. 248.

45 Verhandlungen, op. cit. (Anm. 40), S. 287, Sp. 1.

46 Ernst Fraenkel: Amerika im Spiegel des deutschen politischen Denkens. Köln/Opladen, Westdeutscher Verlag, 1959, S. 43.

47 K. J. Ståhlberg: Parlamentarismen i Finlands Statsförfattning. Helsinki 1927, S. 19.

48 Sven Lindman: Parlamentarismens införande i Finlands Statsförfattning. Uppsala 1935, S. 44.

49 Giambattista Rizzo: La Repubblica presidenziale. Rom 1944, S. 347.

50 Roberto Lucifredi: L'assemblea costituente. Che cosa é, che cosa dovra fare. Mailand 1945, S. 103.

51 Paolo Barile: Orientamenti per la costituente. Florenz 1947, S. 74.

52 Atti dell'Assemblea costituente. Rom 1947, Bd. 3, S. 1753, Sp. 1.

53 Assemblea costituente. Commissione per la costituzione. Seconda sottocommissione dal 26 luglio 1946 al 30 gennaio 1947. Rom 1947, S. 82, Sp. 2.

54 Ebda., S. 103, Sp. 2.

55 Ebda., S. 119, Sp. 2.

56 Ebda., S. 102, Sp. 2., S. 129, Sp. 2.

57 Parlamentarischer Rat. Verhandlungen des Hauptausschusses. Bonn 1948/49, S. 638.

58 John Ford Golay: The Founding of the Federal Republic of Germany. Chicago UP, 1958, S. 123 ff.

59 Der Parlamentarische Rat 1948/1949. Akten und Protokolle, Bd. 2. Der Verfassungskonvent auf Herrenchiemsee. Boppard, Boldt, 1981, S. 171f.
60 Carl J. Friedrich: Rebuilding the German Constitution. In: APSR, 1949, S. 461–482, 704–720. Friedrich trat in dieser Arbeit als Kritiker einer noch zu weitgehenden Einmischung der Alliierten auf.
61 Henri Michel/Boris Mirkine-Guetzélvitch: Les idées politiques et sociales de la résistance. Paris 1954, C. 275.
62 Léon Blum: Œuvres. Paris, Bd. 2, 1958, S. 469.
63 Léon Blum: Œuvres. Paris, Bd. 3, 1958, S. 315.
64 Annales de l'assemblée nationale constituente, élue le 21 octobre 1945. Bd. 4, S. 1965, Sp. 3.
65 Keesings Archives, 1947, S. 1084 A.
66 Michel Debré: La nouvelle constitution. In: Rfdsp, 1959, Nr 1 (7–29), S. 9.
67 Stanley Hoffmann: The French Constitution of 1958. In: APSR, 1959, (332–357), S. 333.
68 Travaux préparatoires de la Constitutions. Avis et débats du comité consultatif constitutionnel. Paris 1960, S. 118, Sp. 1.
69 Quelle im Anhang zu: Pierre Pluchon: Pour ou contre un régime présidentiel. Un enquête. Révue politique et parlemantaire (Juni 1965, S. 3–14, Juli/August S. 11–24, Sept. 1965, S. 3–12) Teil 3. S. 12. vgl. auch: Pierre Avril: Un président pour quoi faire? Paris, 1965, S. 34
70 Maurice Duverger: La VIe République et le régime présidentiel. Paris 1961, S. 132; Hueghes Tay: Le régime présidentiel et la France. Paris, LGdJ, 1967, S. 289ff.
71 Georges Vedel: Vers le régime présidentiel. In: Rfdsp, 1964 (20–32), S. 21.
72 Pluchon, op. cit., Teil 3, S. 9.
73 François Goguel: Réflecions sur le régime présidentiel. In: Rfdsp, 1962 (289–311), S. 303.
74 Hoffmann, op. cit., S. 333.
75 François Mitterrand: Le coup d'état permanent (1964). Paris, Julliard, 2. Aufl., 1984.
76 Olivier Duhamel: La gauche et la Ve République. Paris, PUF, 1980, S. 279.
77 Guy Mollet: Quinze ans après. La Constitution de 1958. Paris, A. Michel, 1973, S. 150ff.
78 Pierre Mauroy: À gauche. Paris, A. Michel, 1985, S. 14.
79 Loewenstein nannte diese Übertragungsfälle »Anwendungsfälle ohne Beweiskraft«. Karl Loewenstein: Der Staatspräsident. In: Ders.: Beiträge zur Staatssoziologie. Tübingen, Mohr, 1961 (331–396), S. 350.
80 Jacques Lambert: La transposition du régime présidentiel hors des Etats-Unis. Le cas de l'Amérique latine. In: Rfdsp 1963 (577–600), S. 580, 599.
81 Arturo Alessandri: Le régime présidentiel. Paris, Sirey, 1930; Franklin

Antezana Paz: Le régime parlementaire en Bolivie. Paris, Domat-Montchrestien, 1933, S. 142ff.

82 José Miranda: Reformas y tendencias constitucionales recientes de la America Latina 1945–1956. Mexico, Instituto de derecho comparado, 1957, S. 278.

83 Martin Needler: Cabinet Responsibility in a presidential system. The Case of Peru. In: Parliamentary Affairs, 1965, No. 2 (156–161), S. 160f.

84 Jorge Rainaldo Vanossi: Presidencialismo y parlamentarismo en el Brasil. Buenos Aires, 1964, S. 42ff.
Afonso Arinos de Melo Franco/Raul Pilla: Presidencialismo ou Parlamentarismo? Rio de Janeiro, Olympio, 1958, S. 393.

85 Tancredo Neves: O regime parlamentar e la realidade Brasileira. In: Belo Horizonte, Revista Brasileira de Estudios Políticos, 1962, S. 37f.

86 Frederico Trotta: O sistema parlamentar Brasileiro. Rio de Janeiro, Vecchi, 1961, S. 50f.

87 Laureiro Junior: Parlamentarismo e presidentialismo no Brasil. Rio de Janeiro 1962; J. C. de Oliveira Torres: O presidencialismo no Brasil. Rio de Janeiro, Cruzeiro, 1962, S. 60ff.

88 Edwin Lieuwen: Generals vs. Presidents. Neomilitarism in Latin America. New York, Praeger, 1964, S. 98.

89 Denis Brogan: The Possibilities of the Presidential Systems in Africa. In: Parliament as an Export. London 1966 (190–207), S. 197.

90 Wilfred E. Binkley: President and Congress. New York, Vintage Book, 1962, S. 379.

91 John W. Burgess: Political Science and Comparative Constitutional Law. Boston 1896, Bd. 2, S. 13.

92 Alexis de Tocqueville: De la démocratie en Amérique. In: Œuvres complètes, Bd. 1, Paris, Gallimard, 1961, S. 133.

93 François Goguel: Quelques remarques sur le problème des institutions politiques de la France. In: Rfdsp, 1964 (7–19), S. 11.

94 Tocqueville, op. cit., Bd. 1, S. 130.

95 Price, op. cit.

96 Fritz Münch: Die Bundesregierung. Frankfurt 1954, S. 103.

97 Bertrand de Jouvenel: Du principat. In: Rfdsp, 1964, (1053–1086), S. 1054f.

98 Enzo Cheli u. a.: Il governo semi-presidenziale in Europa. In: Quaderni costituzionali, 1983, Nr 2.

99 Giuliano Amato u. a.: Una costituzione per governare. La ›grande riforma‹ proposta dai socialisti. Venedig, Marsilio, 1981. Kritisch gegenüber den Interessenten hinter den sozialistischen Vorschlägen: Gianfranco Pasquino: Degenerazioni dei partiti e riforme istituzionali. Bari, Laterza, 1982, S. 127ff.
Giuliano Amato: Una Repubblica da riformare. Bologna, Il Mulino, 1980.

III. Der Föderalismus

Der Föderalismus wird gelegentlich als Erscheinung interpretiert, die aus militärischen Notwendigkeiten geboren wurde. Eine solche Deutung kann – wie vielfach in der älteren Literatur – die USA nicht mehr als das Geburtsland des Föderalismus ansehen. Die alte Unterscheidung zwischen Staatenbund und Bundesstaat lebt jedoch unter modernisierten Etiketten fort: Die USA erscheinen dann im Gegensatz zur Schweiz als moderner zentralisierter Föderalismus im Gegensatz zu der bündischen Form des Deutschen Reiches oder der holländischen Generalstaaten, die Riker als »peripheralized federalism« bezeichnet[1].

Es ist daher noch immer richtig zu sagen, daß die moderne Idee des Föderalismus von den USA determiniert worden ist[2] und daß von allen Institutionen des amerikanischen Konstitutionalismus der Föderalismus der einflußreichste in der Welt gewesen ist[3]. Dieser Einfluß war um so stärker, als föderalistische Systeme nach den herrschenden Staatslehren gut beraten waren, noch weitere Institutionen des amerikanischen Modells zu übernehmen, um den Föderalismus arbeitsfähig zu halten.

Das präsidentielle System ist vielfach als ein notwendiges Korrelat des Föderalismus angesehen worden. Im 19. Jahrhundert – vor allem bei den Ideologen der »states rights« von Calhoun in Amerika bis Max von Seydel in Deutschland[4] – schienen Föderalismus und Parlamentarismus unvereinbar. Alle föderativen Systeme waren im 19. Jahrhundert dualistisch und gewaltenteilig konstruiert: als präsidentielles System in Amerika, als Ratssystem in der Schweiz, als konstitutionelle Monarchie in Deutschland.

In Brasilien ist noch 1961 der Kampf gegen die Abschaffung des präsidentiellen Systems mit dem Argument geführt worden, große Territorien mit föderalistischem Aufbau benötigten ein präsidentielles System[5]. Mit ähnlichen Argumenten haben die Berater Clays, wie Carl Joachim Friedrich, für Deutschland das präsidentielle System vorgeschlagen. Für die Europäische Gemeinschaft kam Friedrich noch zum Schluß: »Eine detaillierte Analyse der Regierungssysteme scheint die Schlußfolgerung zu bestätigen, daß eine Art von Ratssystem am besten für eine multinationale Föderation geeignet ist.«[6] In den Termini der alten – reichlich fruchtlosen – Debatte hieße das, für Föderationen schiene der Präsidentialismus, für Konföderationen das Schweizer Ratssystem empfehlenswert.

Für die Länder Europas, die aus verschiedenen Staaten zusammengesetzt waren, wie die Schweiz, Italien und Deutschland, hatte Amerika eine große Anziehungskraft. Der Föderalismus wurde als »amerikanische Erfindung« gelobt, und der nordamerikanischen Union wurde gelegentlich eine »Mission« zuerkannt. Der Italiener Gabriele Rosa verglich die Bedeutung der föderativen Republik nach amerikanischem Modell sogar mit der römischen Staatsform: »Wie Rom das Siegel seiner Gesetze und seiner kosmopolitischen Kultur der alten Welt rund um das Mittelmeer aufdrückte ..., so wird die föderalistische Demokratie der USA zum vorherrschenden Grundtyp einer neuen politischen Phase der Menschheit werden.«[7] Gerade *Italien* entpuppte sich jedoch als das Land, in dem die Staatsgründung wie ein Eroberungskrieg durch die Vormacht Piemonts organisiert wurde. Selbst die preußische Hegemonialmacht im Deutschen Reich nach 1871 mußte mehr Rücksichten auf die anderen Gliedstaaten nehmen, als es Piemont tat. Nicht die amerikanische Staatsidee, sondern die französische wurde für Italien maßgeblich, nicht nur weil Italien unter dem Schutz der Bayonette des Zweiten Empire entstand.

In *Frankreich* gingen die Skeptiker in der Nationalversammlung 1848 davon aus, daß die »Doktrinäre der Republik« mit ihrer Liebe zu Amerika sich auf dem Holzweg befänden, weil sie übersähen, daß Frankreich kein föderalistisches Land sei[8].

Der Einfluß des amerikanischen Modells aufgrund einer föderativen Struktur war damals auf die *Schweiz* und auf Deutschland beschränkt. Selbst Schweizer Verfassungsrechtler, die stolz auf die eigene föderale Tradition waren, gingen davon aus, daß der Bundesstaat »eine Erfindung der Amerikaner« sei[9]. Gemeint war damit, daß Amerika vor der Schweiz von der konföderativen in die bundesstaatliche Phase getreten sei:

»Die große unvergeßliche Schuld des schweizerischen öffentlichen Rechts« wurde nach dieser Ansicht erst teilweise getilgt, »als mehrere amerikanische Einzelstaaten nach dem Vorbild der Schweiz Initiative und Referendum übernahmen«[10]. Die Aufmerksamkeit der beiden föderalistischen Prototypen füreinander war durchaus asymmetrisch. Die Schweizer haben das amerikanische Modell immer gewissenhaft studiert und einiges adaptiert, während die Amerikaner das Schweizer Modell für eher anachronistisch gehalten haben[11].

Die erste Imitation moderner Bundesstaatlichkeit sollte den Schweizern von außen aufgedrungen werden. Der Verfassungsentwurf von Malmaison von 1801, den Napoleon und Talleyrand schufen, ähnelte dem amerikanischen Modell auffallend, etwa in der Zuschreibung größerer Befugnisse für den Senat als für die erste Kammer, der »Tagessatzung« und der monokephalen Exekutive. Daß diese Ähnlichkeiten »zufällig« waren[12], hat man wohl daraus geschlossen, daß man Napoleon der Amerika-Komparatistik für unfähig hielt. Dieser Entwurf trat nie in Kraft, und seine Grundgedanken spielten in der Restaurationszeit nach 1815 mit ihrem Kantonspartikularismus lange keine Rolle. Erst in den 1830er Jahren wurde das amerikanische Modell gegen die staatenbündische Konzeption des Schweizer Föderalismus wieder in die Debatte eingeführt. Der Luzerner Radikale Troxler stritt für das amerikanische Modell, da »die Grundgesetzgeber der nordamerikanischen Vereinsstaaten (sic!) ein eigentlich menschheitliches Problem aufgelöst und durch ihre Unionsconstitution die Idee eines sozialen Dynamismus ins Leben gerufen haben, welcher fortan in der Weltgeschichte als maßgebend für alle Föderativrepubliken gelten muß«[13].

Der Sonderbundskrieg von 1847 hatte inzwischen die politischen Voraussetzungen für eine Bundesreform geschaffen. Das Zweikammersystem nach amerikanischem Vorbild wurde nun zwischen Zentralisten und Konföderalisten kompromißfähig[14].

Die stärkste politische Kraft, die Freisinnigen, hätten auch in der Schweiz damals gern einen Schritt in Richtung der »einheitlichen und unteilbaren Republik« getan. Aber der Widerstand der katholischen und der romanischen Kantone, sowie die Gefahr äußerer Einmischung der Mächte, welche die Schweizer Neutralität garantierten, ließen solche Möglichkeiten nicht zu[15].

Obwohl der Kompromiß eines Zweikammersystems amerikanischer Provenienz nach dem vorherrschenden Tenor der Publizistik gleichsam in der Luft lag, gab es 1848 noch beträchtliche Widerstände gegen diese Lösung. Die Hauptargumente waren der »fremde Ursprung« und die »Kostspieligkeit« des Systems[16]. Der Zürcher Regierungsrat Rüttimann, der an diesen Debatten teilgenommen hatte, beschrieb rückblickend die Stimmung, die dem Kompromiß zugrunde lag, nicht eben enthusiastisch:

> »Den Schweizern kam im Jahr 1848 das Zweikammersystem ebenso fremdartig vor, als es den Amerikanern seit der Gründung der Union bis zur jetzigen Stunde geläufig war und ist. In der Schweiz betrachtete man die Einrichtung als ein aristokratisches Machwerk oder als ein Hirngespinst von Stubengelehrten, und man wäre nie und nimmer dazu gekommen, dieselbe einzuführen, wenn sie sich nicht als das einzige Mittel herausgestellt hätte, den Konflikt zwischen den Interessen und Ansprüchen der größern und kleinern Kantone auf billige Weise auszugleichen.«[17]

Alle späteren Versuche zum Ausbau des richterlichen Prüfungsrechts im vollen amerikanischen Sinne wurden zwischen 1912 und 1939 immer wieder blockiert mit der Begründung, daß das souveräne Schweizer Volk mißliebige Gesetze durch Referendum konterkarieren könne und daß dies die beste Garantie der Verfassung sei[18].

Die Schweizer Verfassung von 1848 hatte dem Bundesgericht nur im Umfang der ihm vom Gesetzgeber zu übertragenden Fälle die Verfassungsrechtsprechung anvertraut, und dem Gericht wurde kaum je ein Fall zur Beurteilung überwiesen.

Das nach dem Mehrheitsprinzip bestellte und von den Freisinnigen dominierte Parlament sah die Verfassungsrechtsprechung zu sehr als ein Privileg an, um sie einem streng juristisch und damit politisch nicht kontrollierbaren Gericht anzuvertrauen. In den Erläuterungen zur Totalrevision der Bundesverfassung stellte der

Bundesrat noch 1870 in patronisierendem Tone fest, daß die verfassungsmäßigen Rechte noch zu wenig gefestigt seien, als daß ein Richter mit ihnen umgehen könne[19]. Diese Äußerung zeigte, wie schwer die Durchsetzung des amerikanischen Gedankens der »checks and balances« gegen die Prinzipien der Volkssouveränität und der Französischen Revolution in Europa blieb.

In *Deutschland* gab es bei den Verfassungsarbeiten der Paulskirche zwei weitere Widerstände, die in der Schweiz nicht existierten: Einmal war Deutschland eine Föderation aus Monarchien. Es gab nicht den »Geist der Republik«, der als Band zwischen den USA und der Schweiz beschworen wurde. Republik und Föderalismus konnten hier nicht als eine natürliche Einheit wie in der Schweiz propagiert werden, weil nur der freiheitlichen Republik die notwendigen sozialen Voraussetzungen an Gleichheit nachgesagt wurden.

Der Verfassungsausschuß der deutschen Nationalversammlung in der Paulskirche hingegen »überließ sich der Hoffnung« – wie die eigene bange Formulierung lautete –, daß ähnliche Wirkungen von der »konstitutionellen Monarchie« ausgehen würden[20].

Zum anderen gab es Mitgliedsstaaten – wie vor allem Österreich –, die weite Territorien umfaßten, die nicht als Teil des Deutschen Reiches angesehen wurden. Die Plenardiskussion hat kaum die bundesstaatlichen Prinzipien und ihre Vorbilder, sondern die geographische Ausdehnung der Anwendbarkeit des neuen Systems diskutiert. Vor allem ging es um die partiell nichtdeutschen Herzogtümer Schleswig und Posen, deren Reichszugehörigkeit unklar schien. Die Mehrheit des Verfassungsausschusses berief sich auf die Vorbilder von Amerika und der Schweiz[21]. Ein radikales Minderheitsvotum von Robert Blum, Franz Wigard und Schüler, das den Entwurf stärker zentralisieren wollte, wollte noch über das amerikanische Vorbild hinausgehen. Als Begründung diente die militärisch geschützte Lage der USA im Vergleich zu einem Land der Mitte wie Deutschland:

> »Dagegen halten wir in den äußeren Verhältnissen Deutschlands und in den eigentlichen Machtverhältnissen eine starke, feste, unzerreißbare Einheit durchaus für nothwendig. Den Grund dieser Nothwendigkeit finden wir nicht nur in dem Um-

stande, daß Deutschland mit mächtigen, einheitlich constituirten Nachbarstaaten umgeben ist, mit denen es in beständiger enger Berührung steht und mit denen es jeden Augenblick in die größten Conflikte kommen kann, mithin ebenfalls einer Vereinigung seiner Kräfte in Eine Hand bedarf, – ein Umstand, der bei den Vereinigten Staaten von Nordamerika wegen der mehr isolirten Lage dieses Bundesstaats bei weitem nicht so schwer ins Gewicht fällt.«[22]

Als später im Deutschen Reich nach 1871 der Föderalismus zum Scheinföderalismus degenerierte, haben die Verteidiger des Systems im Vergleich die unsichere Lage gegen die sichere der USA zum Teil in zynischen Worten ausgespielt, so der Historiker Treitschke[23]:

»Vor den Mexikanern, vor den verfaulenden Kreolenstaaten braucht man sich nicht zu fürchten und von Canada haben sie so wenig zu besorgen, daß sie vielmehr stark daran denken, dies Land einmal selbst zu verspeisen, was ich ihnen auch von Herzen gönnen würde.«

Da die Protokolle des Verfassungsausschusses nur skizzen- und bruchstückhaft erhalten sind, läßt sich der Einfluß des amerikanischen Modells auf den Entwurf der Reichsverfassung nur anhand von Textvergleichen aufzeigen.

Die Wirkungen des amerikanischen Modells waren beträchtlich, vor allem bei der Kompetenzverteilung im Bundesstaat und der Finanzverfassung[24]. Bedeutung erlangte diese Verfassung nicht, aber es ist wohl eine Übertreibung, wenn Friedrich zu dem Schluß kam: »Vielleicht muß gerade ihr Amerikanismus als Teil ihres Scheiterns angesehen werden.«[25]

Die Stimmung im Lande war starken Rezeptionen aus Amerika nicht feindlich gesonnen, wie die Mehrzahl der Pamphlete jener Zeit zeigte, sondern die Monarchen haben der Aushöhlung ihrer Souveränität Widerstand entgegengesetzt, sowie der revolutionäre Druck von der Straße etwas nachgelassen hatte. Nur eine Revolution, welche die etablierten Staaten grundsätzlich reformiert hätte, hätte eine solche Verfassung lebensfähig machen können.

Bis ins 20. Jahrhundert hielt sich zählebig das Vorurteil, Föderalismus und parlamentarische Mehrheitsregierung seien nicht kombinierbar. Diese Botschaft wurde vor allem in *Lateinamerika* voll internalisiert. Die föderalen Systeme in Argentinien, Brasilien, Mexiko und Venezuela kombinierten das amerikanische Modell in beiden wichtigen Elementen. Sie folgten der amerikanischen Gewaltenteilungsanordnung, allerdings wurden die Kompetenzen der Zentralregierung weit umfangreicher als in den USA[26].

Angesichts der ständigen Regimewechsel und Putsche wurde der lateinamerikanischen Verfassungsentwicklung kein großer Bildungswert zugemessen. Die amerikanischen Institutionen blieben einer andersartigen Caciquen-Gesellschaft gleichsam fremd. Aber die Scheuklappen einer europazentrierten Wahrnehmung haben verhindert, daß zwei gut funktionierende überseeische Systeme dazu benutzt wurden, die alten Vorurteile zu falsifizieren, nämlich Australien und Kanada. Aber ihre Eigenständigkeit ist in Europa unterschätzt worden. Erst seit Österreich nach dem Ersten Weltkrieg und die Bundesrepublik nach dem Zweiten Weltkrieg – die Weimarer Republik war weder wirklich föderalistisch noch voll parlamentarisch – die parlamentarische Regierung erfolgreich mit dem Föderalismus kombinierten, ist dieses Vorurteil ausgestorben. Kanada und Australien hatten es ihrerseits nicht leicht, amerikanische Grundsätze auf das britische Institutionensystem aufzupropfen.

Vor allem in *Kanada* hat das amerikanische Modell immer wieder anziehend und abstoßend zugleich gewirkt[27]. Kein geringerer als der bekannte britische Staatsrechtler Dicey hat die These populär gemacht, daß der British North America Act von 1867 nicht ohne »die amerikanische Verfassung ständig vor Augen« entstanden sei und daß, wenn Kanada ein unabhängiges Land gewesen wäre, sicher eine Verfassung wie in den Vereinigten Staaten herausgekommen wäre[28].

Die spätere Detailforschung sah die Vorgänge differenzierter. Als die Politiker sich in Charlottetown und später in Quebec City 1864 trafen, hatten sie in der Tat das Modell der USA sorgfältig studiert. Aber sie haben dieses Modell bewußt nicht akzeptiert, weder das präsidentielle System noch auch den Föderalismus, da der Bürgerkrieg für sie als eine späte Folge einer zu starken Kompetenzzuschreibung für die Einzelstaaten erschien. Selbst die franco-kanadischen Repräsentanten, die nicht mit allen Lösungen zufrieden waren, akzeptierten viele der quasi-unitarischen Elemente der kanadischen Verfassung, die sich deutlich vom Föderalismus der USA unterschied[29].

Zeitgenossen, wie einer der führenden Politiker Neuschottlands, Joseph Howe, sahen die kanadische Verfassung als unglückliche Mischung zwischen dem brititschen und amerikanischen Modell an:

> »Wir hatten zwei Vorbilder, um uns anzuleiten, das Englands und das der USA. Die Delegierten bieten uns die Verfassung von keinem der beiden Länder an ... Dieser Hybrid ähnelt nichts auf diesem oder einem anderen Kontinent. Was uns geboten wird ist nicht Fisch, nicht Fleisch noch roter Hering.«[30]

Nicht nur in der Verschränkung der Gewalten, auch in der Verfassungskonzeption blieb Kanada dem Mutterland näher. Neben dem British North America Act von 1867 wurden 1964 bei den Revisionsgesprächen noch weitere sieben Gesetze als »die Verfassung Kanadas« verstanden, und selbst in der Fassung von 1982 ist man noch nicht bei der Verfassung aus einem Guß angelangt[31].

Kanadas Verfassungsentwicklung war weniger aus einem Guß als die 1890er Kompromisse, die in Australien geschlossen wurden und im ganzen angesichts der bemerkenswerten Homogenität der australischen Bevölkerung von Dauer gewesen sind. In Kanada hingegen haben die Probleme Quebecs und des Westens den Föderalismus in schwere Krisen gestürzt. Im Reformprozeß der 1970er Jahre wurde das amerikanische Modell wenig zitiert, da es für die kanadischen Probleme keine Lösungen versprach. Trotz der Konflikte hat das kanadische Selbstbewußtsein in der Bevölkerung eine starke Aufwertung erfahren als Reaktion gegen die wachsende amerikanische Dominanz der USA auf fast allen Gebieten des kanadischen Lebens[32].

Die Provinzen des Westens haben ihren Unmut über Ottawa kaum bis zum Separatismus treiben lassen, und der Anschluß an die USA als separater Staat wurde 1980 im Westen nur von 3 %

der Bevölkerung gutgeheißen[33]. Die alte kanadische Verfassung wurde – im Gegensatz zum amerikanischen oder Schweizer Modell – wegen der Einwirkungsmöglichkeiten der Zentrale auf die Provinzgesetzgebung als »quasi-föderalistisch« eingestuft[34]. Der Senat war darüber hinaus im Gegensatz zu anderen zweiten Kammern in Bundesstaaten niemals ein effektives Sprachrohr der Interessen der Provinzen[35].

Die Reform wurde daher vor allem eine Föderalismusreform. »Unsere Verfassungsdiskussion ist dem Föderalismus gewidmet, und Föderalismus heißt mehr Gleichgewicht zwischen regionalen und nationalen Gemeinschaften als Erhaltung von Demokratie und Grundrechten.«[36]

Immerhin haben die Einfügung eines Menschenrechtskatalogs und die Stärkung des Supreme Court diese Aussage relativiert und das kanadische System jenseits der Föderalismusreform dem amerikanischen Modell angenähert. Doch war die Begeisterung über die Reform sehr gedämpft in Kanada, weil wichtige Probleme nicht gelöst sind. Der Amendmentprozeß wurde zu einer rein kanadischen Angelegenheit und transparent. Aber viele Wissenschaftler sahen neue Schwierigkeiten in der allzu hastig und heterogen entworfenen Lösung für das Quebec-Problem. Erwägenswerte Reformen des Wahlrechts – zur Erleichterung von Koalitionsregierungen – ließen sich nicht durchführen[37].

Der Vergleich mit Amerika nach der Reform blieb vielfach satirisch gestimmt: »Ein bekannter selbstkritischer kanadischer Witz behauptet, daß Kanada gehofft hatte, eine Synthese von britischer Regierungsweise, französischer Kultur und amerikanischem Know-how zu erreichen. Statt dessen blieben dem Land dann die Überbleibsel von britischem Know-how, französischer Regierungsweise und amerikanischer Kultur.«[38]

Australien erlangte früher als Kanada seine Selbständigkeit im Prozeß der Verfassungsgebung, da der British North America Act von 1867 nicht einmal eine Amendment-Prozedur vorgesehen hatte. In Australien trat 1901 eine Verfassung in Kraft, die sich stark an Amerika inspirierte. Aber auch andere Modelle wurden diskutiert. Ein Mitglied der Sydney Convention beklagte sich:

»Die amerikanische und die Schweizer Verfassung und der Schlamm der kanadischen Verfassung wurden bis zum Überdruß von allen Seiten auf uns geworfen. Nichts als diese amerikanische Verfassung hörten wir von allen Seiten des Hauses, um jede beliebige Meinung aufzuputzen, und ich bin zu dem Schluß gekommen, daß die amerikanische Verfassung so vielseitig ist, daß man sie benutzen kann, um jedes Argument von jeder möglichen Seite in der Föderalismusfrage abzustützen.«[39]

Auch in Australien wurde also die Funktionalisierung des amerikanischen Modells im Kampf der Parteien beklagt. Hier ging es ebenfalls weniger um die Realisierung eines bewunderten Vorbilds als um die Stärkung der eigenen Argumentation. Da nach dem Wort eines der amerikanischen Foundingfathers eine Verfassung »kurz und dunkel« sein soll, eignete sich die amerikanische Verfassung für eine politisierte Debatte hervorragend, da sie vergleichsweise kürzer, dunkler und interpretationsbedürftiger erschien als spätere Verfassungen.

Diese Interpretation wurde in Australien aber nicht etwa direkt vorgenommen. Auch sie bedurfte noch der Mittler in den Metropolen. In diesem Fall wurde vor allem die maßgebliche britische Interpretation Amerikas von Lord Bryce gewählt. Der Einfluß Kanadas war geringer, da der kanadische Föderalismus und andere Regelungen des British North America Act als nicht genügend weitgehend empfunden wurden[40]. Die Beziehung der Peripherieländer untereinander blieben bis heute unterentwickelt. Die geistigen Beziehungen liefen nicht weniger stark über die Metropolen als die wirtschaftlichen.

In Australien konnte die Alternative Präsidentialismus oder parlamentarische Regierung frei ausdiskutiert werden. Nicht wenige Australier waren für das amerikanische oder schweizerische Modell, um den Föderalismus abzusichern:

John Cockburn erklärte 1890:

»Wir haben ... die Verantwortlichkeit der Minister vor dem Parlament weder in den Vereinigten Staaten noch in der Schweiz gesehen, und wir haben keinen Grund anzunehmen, daß sie hier mit den Bedingungen eines Bundesstaates vereinbar sein wird.«[41]

Dobson und andere haben auf der Adelaide Convention von 1897 die Argumentation für ein dualistisches System erneuert. Nur die Labourparty war für stärkere Zentralisierung und hätte lieber das kanadische als das amerikanische Modell adaptiert[42].

Nach dem Ersten Weltkrieg entstand mit der *Sowjetunion* erstmals ein sozialistischer Bundesstaat. Amerika als Modell war in den Diskussionen präsent, vornehmlich aber zur Abgrenzung. Der Föderalismus galt nicht an sich als freiheitlicher als der unitarische Staat, und man hielt an der Meinung von Marx fest, daß der Föderalismus sich nur dort empfehle, wo es unterschiedliche Völker in einem Staat gebe. Marx und Engels lehnten daher den Föderalismus in Deutschland ab. Der Föderalismus fand nicht aus grundsätzlichen theoretischen Erwägungen, sondern aus praktischen Notwendigkeiten Eingang in die sowjetische Verfassung. Föderalismus galt als Formprinzip der Staatsstruktur (gosudarstvennoe ustrojstvo) als geringerwertig als das politische Regime (političeskij režim), das die Klassenstruktur angibt. Daher wurde die sowjetische Föderation für ungleich fortschrittlicher erachtet als die amerikanische. Die sowjetische Literatur gibt vielfach zu, daß der Bolschewismus vor 1917 antiföderalistisch gesonnen war[43].

Das amerikanische Modell wurde mit Ausdrücken wie »kleinbürgerlich-anarchistisches Babitt-Ideal des Föderalismus« bedacht[44]. »Kleinbürgerlich« wurde es genannt, weil es auf einem statischen unhistorischen Föderalismusideal beruhe, das ein für alle Mal dogmatisiert werde[45].

Diese Abgrenzungen von Amerika schlossen jedoch gelegentlich Inspirationen durch das amerikanische Modell nicht aus.

Jugoslawien war nach dem Zweiten Weltkrieg der zweite sozialistische Staat, der ein föderalistisches System verwirklichte, das sich inzwischen weit über das sowjetische Modell hinaus zu einem authentischen Föderalismus entwickelt hat, zumal von den zentralisierenden Klammern im Sozialismus – Partei und zentrale Planung – nur die erste seit 1965 noch übriggeblieben ist. Die erste Verfassung von 1945 war weitgehend eine Kopie der sowjetischen Verfassung von 1936. Amerikanische Einflüsse lassen sich kaum nachweisen[46]. Erst später nahm die jugoslawische Publizistik ein echtes Interesse an der amerikanischen Doktrin[47] für die Fortentwicklung des eigenen Föderalismus, der angesichts der wachsenden zentrifugalen Tendenzen der sechs Republiken und der zwei autonomen Gebiete notwendig wurde.

Der direkteste Einfluß des amerikanischen Modells auf die Ausgestaltung des Föderalismus schien nach 1945 bei den Besiegten gegeben. In *Japan* wurde auf die künstliche Aufpfropfung einer Bundesstaatlichkeit verzichtet. In *Deutschland* rannte man offene Türen ein mit der Betonung des Föderalismus. Die Publizisten haben ziemlich unisono versucht an die föderalistische deutsche Tradition seit dem Mittelalter anzuknüpfen, an die Zeit vor 1866, als Bismarck diese Tradition zunehmend abreißen ließ. Die alliierten Interventionen im deutschen Verfassungsprozeß betrafen vor allem den Föderalismus. Das amerikanische »grants-in-aid«-System, das aus Dotationen der Zentralregierung an die Staaten besteht, wurde wohl weniger aus doktrinärer Überzeugtheit vom eigenen System als aus Mangel an Kenntnis und Vertrauen in andere Systeme befürwortet. Selbst im Bereich des Föderalismus ließen die Alliierten erstaunliche Einzelheiten wie den bürokratischen nichtrepräsentativen Bundesrat passieren, mit dem Hinweis, daß diese Konstruktion den Ländern auf nationale Entscheidungen größeren Einfluß verleihe als dem amerikanischen Senat[48].

Die Übernahme des amerikanischen Senatsmodells, das die SPD befürwortete, scheiterte am Widerstand Adenauers und großer Teile der CDU. Der Abgeordnete Süsterhenn (CDU) optierte bewußt gegen das amerikanische Modell für die deutsche Verfassungstradition:

> »Man kann mit Recht auf das Beispiel der Vereinigten Staaten von Nordamerika und der Schweiz hinweisen, wo föderative Staatswesen ohne Bundesrat lediglich mit einem auf der Länderebene gewählten Senat bestehen. Ich bin aber der Meinung, daß es richtiger wäre, wenn wir Deutschen an unsere eigene nationale Tradition anknüpfen und uns für das System entscheiden würden, das in der deutschen Verfassungsgeschichte nun einmal Wurzeln geschlagen und sich unstreitig bewährt hat.«[49]

Die SPD hat das amerikanische Senatsmodell weniger aus Amerikabegeisterung als aus Parteiräson befürwortet; weil sie vor allem in den kleineren Stadtstaaten an der Macht war, konnte sie sich von der gleichen Repräsentation des amerikanischen Senatsmodells Vorteile ausrechnen. Die Schutzbehauptung, daß dieses Prinzip demokratischer sei, wurde vielfach angegriffen. Der spätere erste Bundespräsident, Theodor Heuss (FDP), sagte im Hauptausschuß:

> »Die Berufung auf die fremden Vorbilder stimmt nicht, weil sowohl in der Schweiz wie in Amerika der Bundesstaat sich aus kleinräumigen, sich ziemlich entsprechenden Gebieten aufgebaut hat. Sehr groß waren die Unterschiede bei den amerikanischen Staaten 1776 nicht.«[50]

Er vergaß hinzuzufügen, daß im 20. Jahrhundert angesichts der riesigen Unterschiede der Bevölkerung zwischen New York und Nevada die gleiche Repräsentation im Senat vermutlich nicht mehr so einfach als die demokratischste Lösung durchzusetzen wäre. Die Abweichung von der numerischen Mehrheit im Demokratieprinzip ist seit Calhoun auch in Amerika immer wieder mit einer Doktrin der »konkurrierenden Mehrheiten« gerechtfertigt worden.

Anhand von *Indien* wurde offenbar, daß Amerika vielfach ein Vorbild für die Ausgestaltung der Institutionen sein mochte. Der eigentliche Grund lag aber eher in einer Entwicklung in den ehemaligen britischen Kolonien, die zu einer parallelen Entwicklung wie in den USA führte. Die britische *divide et impera*-Politik führte im Zeitalter schrittweiser Dekolonisation zum Zusammenschluß verschiedener britischer Kolonien zu einem Bundesstaat. Der Föderalismus – dem britischen Staatsdenken fremd – wurde als Kompromiß zur Verhinderung staatlicher Anarchie im nachkolonialen Status übernommen.

Indien ist ein Fall, der vom Beispiel Australiens und Kanadas abwich, insofern als hier eine »devolution« stattfand, bei der sich aus einem zentralisierten Kolonialreich ein Bundesstaat entwickelte[51].

Nachdem die großen Konstituierungswellen abgeschlossen waren, ließ sich der Einfluß des amerikanischen Modells eher über die

Verarbeitung amerikanischer Prozesse in den verschiedenen Bundesstaaten der Welt ausmachen. Hier hat Amerika zweifellos eine führende Rolle erlangt und ist dank der entwickeltsten Politikwissenschaft der Welt auch zum Schrittmacher der Begriffsbildung und theoretischen Verarbeitung der Prozesse in den Bundesstaaten geworden. Damit verglichen geriet die Schweiz, das zweite große Modell, ins Hintertreffen. Sie hat sich sogar eher an der Bundesrepublik orientiert, als daß umgekehrte Anlehnungen möglich gewesen wären[52].

In den meisten Föderationen hat mit zunehmender Modernisierung und landesweiter Kommunikation und Mobilität ein Zentralisierungsprozeß stattgefunden. Zunehmend zentrifugale Tendenzen wurden nur in multiethnischen Föderationen wie in Kanada und Jugoslawien sichtbar. Australien und die Schweiz haben vergleichsweise das Gleichgewicht der Ebenen besser erhalten als die USA und die Bundesrepublik. Die Theorie des *kooperativen Föderalismus* – mit seinen horizontalen Länderkooperationsformen – und die der *Politikverflechtung* (intergovernmental-policy-making), mit der horizontalen Kooperation von Bundes- und Staatsbürokratien, ist am stärksten in der Bundesrepublik übernommen worden[53]. Die Entwicklung der Bundesstaaten und die Nachahmbarkeit amerikanischer Entwicklungstendenzen hingen unter anderem vom Parteiensystem ab. Die USA gehörten jedoch trotz des Zweiparteiensystems zu den Föderationen, bei denen der Lokalismus des Parteiensystems die Integrationskraft der Parteien begrenzt sein ließ. In Kanada ist die regionale Fragmentierung noch weit größer. Australien liegt etwa in der Mitte. Diesem Typ gegenüber gibt es in den Konkordanzdemokratien durch Konkordanzstrategien und Proporzarrangements eine starke Übereinstimmung der Bundes- und Landesebene wie in Österreich und in der Schweiz.

Zwischen diesen beiden Modellen etwa liegt die Bundesrepublik Deutschland, wo man vor allem für die SPD-Regierungszeit gewisse Friktionen zwischen Bundes- und Landesebene festgestellt hat[54].

Trotz dieser Divergenz zu den USA hat sich jedoch die Entwicklung im deutschen Bundesstaat am stärksten parallel zu den Vereinigten Staaten vollzogen.

Anmerkungen

1 William H. Riker: Federalism. Origin, Operation, Significance. Boston, Little Brown, 1964, S. 8ff.
2 Kenneth C. Wheare: Federal Government. London, Oxford UP, 1963, 4. Aufl., S. 1.
3 Carl J. Friedrich: The Impact of American Constitutionalism abroad. Boston UP, 1967, S. 43.
4 Max von Seydel: Staatsrechtliche und politische Abhandlungen. Freiburg 1893, S. 87.
5 Luis Loureiro Junior: Parlamentarismo e presidencialismo. Sao Paulo 1962, S. 163ff.
6 Robert R. Bowie / Carl J. Friedrich (Hrsg.): Studies in Federalism. Boston, Little Brown, 1954, S. 84.
7 Gabriele Rosa: Genesi e sviluppo degli S. U d'A.. Commentari dell' Ateno di Brescia, 1880, S. 179.
8 Eugene Newton Curtis: The French Assembly of 1848 and American Constitutional Doctrines. New York, Columbia University. PhD Diss. 1917, S. 228.
9 Eduard His: Amerikanische Einflüsse im schweizerischen Verfassungsrecht. In: Festgabe der Basler Juristenfakultät und des Basler Juristenvereins zum Schweizerischen Juristentag. Basel, Helbing & Lichtenhahn, 1920 (81–110), S. 82.
10 Myron Luehrs Tripp: Der schweizerische und der amerikanische Bundesstaat. Zürich, Polygraphischer Verlag, 1942, S. 1.
11 François Da Pozzo: Die Schweiz in der Sicht des Auslandes. Bern, Francke, 1977, S. 123ff.
12 Luehrs Tripp, op. cit., S. 9.
13 Ignaz Paul Vital Troxler: Die Verfassung der Vereinigten Staaten Nordamerikas als Musterbild der schweizerischen Bundesreform. Schaffhausen, Brodtmann, 1848, S. 11.
14 Eduard His: Geschichte des neuern Schweizerischen Staatsrechts. Bd. 1. Der Bundesstaat von 1848 bis 1914. Basel, Helbing & Lichtenhahn, 1938. 1. Halbband, S. 357.
15 William E. Rappard: La constitution fédérale de la Suisse. 1848–1948. Neuchâtel, La Baconnière, 1948, S. 118f.
16 Jürg Düblin: Die Anfänge der Schweizerischen Bundesversammlung. Bern, Francke, 1978, S. 17.
17 J. Rüttimann: Das nordamerikanische Bundesstaatsrecht verglichen mit den politischen Einrichtungen der Schweiz. Zürich, Orell-Füßli & Co, 1. Theil, 1867, S. 118.
18 W. J. Wagner: The Federal States and their Judiciary. Den Haag, Mouton, 1959, S. 105ff.
19 Jörg P. Müller: In: Die Verfassungsgerichtsbarkeit im Gefüge der Staatsfunktionen. In: VVDStRL 39, Berlin, 1981, S. 58f.

20 Franz Wigard (Hrsg.): Stenographischer Bericht über die Verhandlungen der deutschen constituirenden Nationalversammlung zu Frankfurt am Main, 1848, Bd. 4, S. 2724, Sp. 2.
21 Wigard, op. cit., Bd. 4, S. 2723, Sp. 2.
22 Wigard, op. cit., Bd. 4, S. 2742, Sp. 2, S. 2743, Sp. 1.
23 Heinrich von Treitschke: Politik. Leipzig, Hirzel, 1898, Bd. 2, S. 276.
24 Anton Scholl: Einfluß der nordamerikanischen Unionsverfassung auf die Verfassung des Deutschen Reiches vom 28. März 1849. Phil. Diss. Tübingen, 1913, S. 47ff.
25 Friedrich, op. cit., 1967, S. 54.
26 William S. Stokes: Latin American Politics. New York, Crowell, 1959, S. 485.
27 Alexander Brady: Democracy in the Dominions. Toronto UP, 1947, 1958, S. 39.
28 A. V. Dicey: Law of the Constitution. London, Macmillan, (1885) 1962, S. 166.
29 Donald S. Smiley: Canada in Question: Federalism in the Eighties. Toronto McGraw-Hill Ryerson, 1980, 3. Aufl., S. 10.
30 zit. in: J. Murray Beck: Joseph Howe: Voice of Nova Scotia. Toronto, McClelland & Stewart, 1964, S. 173f.
31 vgl. Smiley, op. cit., S. 17.
32 Garth Stevenson: Unfulfilled Union. Canadian Federalism and National Unity. Toronto, Gage, 1982, S. 76f.
33 Ronald James Zukowsky: Struggle over the Constitution. From the Quebec Referendum to the Supreme Court. Kingston/Ontario, Institute of Intergovernmental Relations, 1981, S. 133.
34 Wheare, op. cit., S. 18.
35 Stanley M. Beck / Ivan Bernier (eds.): Canada and the New Constitution. Montreal, Institute for Research on Public Policy, 1983, Bd. 1, S. 43.
36 Keith Banting / Richard Simeon: And No One Cheered. Federalism, Democracy and the Constitution Act. Toronto, Methuen, 1983, S. 355.
37 Banting / Simeon, op. cit., S. 93; Ronald G. Landes: The Canadian Polity. A Comparative Introduction. Scarborough, Prentice–Hall, Canada 1983, S. 417ff.; Beck/Bernier, op. cit., Bd. 1, S. 55ff.
38 Edgar Z. Friedenberg: Defence to Authority: The Case of Canada. White Plains, Sharpe, 1980, S. 107.
39 Erling M. Hunt: American Precedents in Australian Federation. New York, Columbia UP, 1930, S. 163.
40 Alexander Brady: Democracy in the Dominions. A Comparative Study in Institutions. Toronto UP, 1947, 1955, S. 153.
41 John A. Cockburn: Australian Federation. London, Horace Marshall, 1901, S. 139.
42 L. F. Crisp: Australian National Government. London, Longmans, 1965, S. 28.

43 D. L. Zlatopolskij: Obrazovanie i razvitie SSSR kak sojuznogo gosudarstva. Moskau, Jurlit, 1954, S. 15.
44 Ebda., S. 11.
45 vgl. Klaus von Beyme: Der Föderalismus in der Sowjetunion. Heidelberg, Quelle & Meyer, 1964, S. 38 ff.
46 Robert K. Furtak: Jugoslawien. Politik, Gesellschaft, Wirtschaft. Hamburg, Hoffmann & Campe, 1975, S. 50.
47 vgl. Vojslav Stanovčič (Red.): Federalistički spisi. Belgrad, Radnička štampa, 1981, S. 18 ff.
48 Peter H. Merkl: Die Entstehung der Bundesrepublik Deutschland. Stuttgart, Kohlhammer, 1968, 2. Aufl., S. 133.
49 Parlamentarischer Rat. Stenographische Berichte über die Plenarsitzungen. Bonn 1948/49, S. 24, Sp. 2.
50 Parlamentarischer Rat: Verhandlungen des Hauptausschusses. Bonn 1948/49, S. 126, Sp. 2.
51 vgl. Günther Doeker: Parlamentarische Bundesstaaten im Commonwealth of Nations: Kanada, Australien, Indien. Tübingen, Mohr, 1980, Bd. 1, S. 9.
52 Da Pozzo, op. cit., S. 126.
53 vgl. Klaus von Beyme: West Germany: Federalism. In: IPSR, 1984, No. 4, S. 381–396.
54 Zu den drei Typen: Klaus von Beyme: Political Parties in Western Democracies. New York, St. Martins, 1985, S. 271. ff.

IV. Die richterliche Normenkontrolle (»judicial review«)

Das Prinzip richterlicher Überprüfung von Gesetzen und anderen Normen ist einmal der »wichtigste Ausfuhrartikel Amerikas« genannt worden[1].

Vielfach wurde dieses Prinzip als Korrelat des dualistischen präsidentiellen Systems angesehen, weil dieser Dualismus zu weit stärkeren Konflikten führen kann als im Dezisionsverbund parlamentarischer Mehrheitsregierung. Andererseits ist das Prinzip richterlicher Normenkontrolle als eine Notwendigkeit in Föderationen erachtet worden. Wheare hat das Prinzip neben der Suprematie der Verfassung und einer erschwerten Amendment-Prozedur als unerläßliches Kriterium des Föderalismus gewertet[2].

Die erste Verbindung ist keine zwingende. Es haben heute mehr parlamentarische als präsidentielle Systeme eine Variante der Verfassungsgerichtsbarkeit verwirklicht.

Mit Ausnahme der Sowjetunion, die als sozialistischer Staat (im Gegensatz zu Jugoslawien) glaubt, keine Verfassungsgerichtsbarkeit zu brauchen[3], haben alle Föderationen diese Einrichtung übernommen. Aber inzwischen gibt es auch genügend unitarische Staaten, die die Verfassungsgerichtsbarkeit verwirklichten. In abgeschwächter Form sogar Frankreich, in dem die Widerstände gegen diese Einrichtung aufgrund der Volkssouveränitätsdoktrin am stärksten gewesen sind. Die französische Doktrin der Volkssouveränität und die britische Theorie der Parlamentssouveränität waren die stärksten Barrieren gegen den Gedanken der Suprematie der Verfassung, aus dem sich die Verfassungsgerichtsbarkeit entwickelte.

Viele europäische Skeptiker fühlten sich nach dem Zweiten Weltkrieg in ihrem Vorurteil gegen das Prinzip des richterlichen Prüfungsrechts bestätigt durch die Tatsache, daß gerade die drei

Kriegsverlierer, Deutschland, Italien und Japan, diese Einrichtung übernahmen – wie vielfach (außer im japanischen Fall) zu Unrecht unterstellt wurde, durch Oktroi[4].

Auch in Deutschland gab es bekannte Staatsrechtslehrer, welche die Wurzeln dieser Einrichtung in allen Ländern, die einmal zum Deutschen Reich gehört hatten, übersahen. In einer Rede 1962 hat Rudolf Smend das Bundesverfassungsgericht zu einer »Treibhauspflanze« erklärt, sie sei »nicht in der freien Luft eines souveränen Staates und Volkes entstanden, sondern beeinflußt, aber auch geschützt durch die Besatzungsmächte«[5].

Lange hielt sich in römisch-rechtlichen Ländern das Vorurteil, die Verfassungsgerichtsbarkeit sei nur in einer »common law«-Tradition sinnvoll. Gerade Amerika zeigte, daß seine rigide Verfassung mit »common law«-Traditionen vereinbar war. Daß Amerika zum Vorreiter des »judicial review« werden konnte, war der Tatsache zu verdanken, daß die USA zugleich Vorreiter des modernen Konstitutionalismus wurden, in dem die Idee der Suprematie der Verfassung nicht nur zum Schutz des Föderalismus eine wichtige Rolle spielte.

Wo die Parlamentssouveränität dem Staatsverständnis zugrunde lag wie in Großbritannien, konnte sich eine Verfassungsgerichtsbarkeit nur in rudimentärer Form – etwa der Ministeranklage vor dem Oberhaus – entwickeln. Wo die Volkssouveränität bis in Möglichkeiten der Volksgesetzgebung operationalisiert war, gab es ebenfalls Widerstände gegen die Verfassungsgerichtsbarkeit, wie in der Schweiz.

Im 19. Jahrhundert entwickelte sich Verfassungsgerichtsbarkeit vor allem auf vier Gebieten[6]:

1. Bei Entscheidungen über innerstaatliche *Verfassungsstreitigkeiten*. Als rein bundesstaatliche Einrichtung entwickelte sich die Verfassungsgerichtsbarkeit in der Schweiz, wo das Bundesgericht den einzelnen in seinen verfassungsmäßigen Rechten nur gegen die kantonale Gewalt schützt. Die Ausdehnung dieses Schutzes auf Bundesakte wäre den Freisinnigen, die die Verfassung von 1848 politisch trugen, als Attentat auf die Volkssouveränität erschienen[7].

2. Die Prüfung von Gesetzen (*Normenkontrolle*) und Staatsverträgen setzte sich erst nach dem Ersten Weltkrieg durch und

wurde zuvor nur vereinzelt in der Publizistik gefordert. Österreich wurde hier zum Vorreiter der Entwicklung.

3. Als Schutz verfassungsrechtlich gesicherter Rechte der einzelnen (*Verfassungsbeschwerde*). Vorformen gab es im Beschwerderecht beim Reichskammergericht in Deutschland, eine beschränkte Variante davon ist die oben erwähnte Regelung in der Schweiz seit 1848.

4. Als Verfahren zum *präventiven und repressiven Schutz der Verfassungen* durch Gruppen oder Einzelpersonen. Die Ministeranklage ist im 19. Jahrhundert eine weitverbreitete Form, die selbst mit dem britischen Prinzip der Parlamentssouveränität vereinbar schien, vor allem, da das Oberhaus über die Anklage zu entscheiden hatte. Diese Form wurde jedoch durch die parlamentarisch-politische Ministerverantwortung weitgehend obsolet, was nicht bedeutete, daß sich Bestimmungen von Präsidenten- und Ministeranklage nicht in vielen Verfassungen erhalten haben.

Die Unterschiede der regelungsbedürftigen Materien setzten der Rezeption des amerikanischen Modells enge Grenzen, weil dieses an die jeweils eigenen Rechtstraditionen angepaßt werden mußte. Dieser Bereich war auch nicht schlicht aus der amerikanischen Verfassung herauszulesen. Rezeptionswillige mußten sich daher in die Details der tatsächlichen Entwicklung seit der Entscheidung Marbury versus Madison von 1803 einarbeiten. Noch Hamilton hatte in den »Federalist-Papers« behauptet:

> »Die Justiz hat im Gegensatz dazu keinen Einfluß auf das Schwert oder die Staatskasse; keine richtungsweisende Kraft in Sachen Stärke oder Wohlstand der Gesellschaft und kann keine aktiven Entschlüsse fassen. Es kann wahrheitsgemäß gesagt werden, daß sie weder Macht noch Willen, sondern nur Urteil hat und letztlich vom Arm der Exekutive in der Durchsetzungsfähigkeit ihrer Urteile abhängt.«[8]

In Fragen der Außenpolitik war diese Äußerung weitgehend richtig, in Fragen von Wirtschaft und Gesellschaft hingegen gab es weiterreichende richterliche Eingriffe als von den Verfassungsvätern vorgesehen. »Judicial review« konnte erst durch den schrittweisen Abbau des passiven, rein gesetzesanwendenden Verständnisses der Richter entwickelt werden.

Die europäische Rechtstradition ging früh vom amerikanischen Modell abweichende Wege durch die Tendenz, ein ausdifferenziertes Gerichtssystem zu entwickeln, das dem amerikanischen Freiheitssinn wie feudales Willkürrecht erschienen wäre. Der amerikanische *Supreme Court* und die obersten Gerichte der Staaten sind keine Verfassungsgerichte, sondern die höchste Instanz der ordentlichen Gerichtsbarkeit. Allgemeine Rechtsmittel reichen aus, sich ihrer zu bedienen, ein besonderes Verfahren ist nicht nötig wie im österreichischen Modell von 1920, das für Italien und die Bundesrepublik und später auch für Spanien einflußreich wurde. Diese Ausdifferenzierung der Verfassungsgerichtsbarkeit ist von kontinentalen Juristen mit dem Hinweis auf Rechtstradition und Richtersoziologie verteidigt worden: Der europäische Richter sei an eine hermeneutische Technik gewöhnt, die den Typ der »policy-making decision« zu vermeiden sucht. Verfassungsgerichtsbarkeit aber muß nach Calamandrei »Polemik gegen die Vergangenheit und ein Reformprogramm für die Zukunft« enthalten, oder wie der österreichische Präsident des Verfassungsgerichtshofs, Walter Antoniolli, einmal sagte:

> »Vom Verfassungsgerichtshof wird etwas mehr verlangt, nämlich die den Gesetzgeber korrigierende rechtsschöpferische Tat.«[9]

Anwendung von Verfassungsnormen galt daher als eine Tätigkeit, auf die die Berufsrichter im allgemeinen nicht vorbereitet waren[10].

Der vielfach beargwöhnte Bestellungsmodus durch die Legislative wurde ebenfalls mit den besonderen politisch-sozialen Anforderungen an die Richter gerechtfertigt.

Nur im deutschen Sprachbereich – in den Ländern, die einst dem Deutschen Reich angehört hatten – gab es eine Tradition, die der Entstehung der Verfassungsgerichtsbarkeit von vornherein günstig schien. Im Deutschen Bund (1815–1866) scheiterte die Einrichtung am Widerstand der süddeutschen Staaten. Die Erinnerung an Reichskammergericht und Reichshofrat – von der preußisch-kleindeutschen Geschichtsschreibung herabgewürdigt – blieb in der Publizistik vielfach wach.

In der Paulskirche kam es schließlich zur großen Rezeption des amerikanischen Modells. In keiner anderen Frage wurden die USA so häufig in die Debatte gebracht[11]. Widerstände gab es auch in Deutschland. Im Verfassungsausschuß wurden Bedenken gegen Beschwerden wegen Grundrechtsverletzungen laut. Parlament und Regierung als Adressat schienen manchen Kritikern systemgerechter. Soweit das Prinzip der Verfassungsgerichtsbarkeit unbestritten war, gab es Konflikte über die Antragsberechtigung. Der Heidelberger Jurist Mittermaier schlichtete den Streit mit der Behauptung:

> »Wir müssen zwischen zwei Systemen wählen: Die Schweizer haben angenommen, daß in solchem Fall (daß die Staaten sich immer über die Reichsregierung hinweg an das Reichsgericht wenden, KvB.) das Gericht gar nicht annehmen dürfe, ehe die Bundesregierung dieses gestattet hat; in Amerika ist gerade das entgegengesetzte System; da entscheidet das Reichsgericht selbst und allein über seine Kompetenz.«[12]

Im Plenum hat der Stuttgarter Moriz Mohl Bedenken gegen Überforderung des Reichsgerichts bei der Lösung politischer Streitfragen geäußert. Seine Argumentation arbeitete Unterschiede zwischen Deutschland und Amerika heraus, die vor allem in der Föderation von Monarchien gesehen wurden:

> »Nur in Nord-Amerika meines Wissens ist ein Gericht bestimmt, vor welchem die Centralgewalt gegenüber den Einzel-Staaten Recht geben und nehmen muß. Aber, meine Herren, Nord-Amerika hat nicht 34 Fürsten; in Nord-Amerika steht der Centralgewalt nur das Volk gegenüber, und das Volk hat nicht das Interesse, das die deutschen monarchischen Regierungen zu haben glauben können, der Centralgewalt entgegenzutreten, denn das Volk weiß recht wohl, daß sein Interesse von der Centralgewalt und von seinen Abgeordneten vertreten wird; das Volk wird also nicht unnöthigerweise gegen seine eigenen Vertreter sich erheben. In Deutschland, wo wir ja alle Tage den

Ungehorsam der Regierungen gegenüber der Centralgewalt sehen, wird es den Regierungen oft einfallen, Prozesse über die Befugnisse der Centralgewalt und des Parlaments anzufangen ...«[13]

In diesem Votum wurde die Einigkeit von republikanischen Gliedstaaten in der amerikanischen Union übertrieben, aber wahrscheinlich bleibt, daß die deutschen Fürsten, die sich zum Bund weitgehend unter Druck entschlossen hatten, noch größere Obstruktionsgelüste gegen die Zentralgewalt mit diesem Instrument entwickelt hätten. Die Endlosigkeit der Prozesse im alten Deutschen Reich steckte vielen rechtshistorisch Gebildeten noch in den Gliedern.

Der Heidelberger Professor Mittermaier, Mitglied des Dreierausschusses, der maßgeblichen Einfluß auf den zur Debatte stehenden Entwurf hatte, hielt ein förmliches Kolleg über den amerikanischen Supreme Court. Er nahm auch gegen die Befürworter der Parlamentsouveränität Stellung und berief sich auf Tocqueville in der französischen Nationalversammlung, als dieser das alte Vorurteil der richterlichen Entscheidung von politischen Fragen zu entkräften versucht hatte:

»Meine Herren! Es ist nicht wahr, daß das oberste Gericht in Amerika in allen politischen Fällen über die politische Frage als Hauptsache entscheidet!«[14]

Die Debatte geriet zum Zitierkartell, als er Robert Mohl gegenüber mit einer captatio benevolentiae für das amerikanische Modell schloß:

»Der Herr Reichsminister wird selbst, soviel ich weiß, diesen Ideen schon zustimmen, weil sie schon in seinem classischen Buche über Amerika angebahnt sind.
Meine Herren! Lassen Sie uns die nötige Ergänzung des Gerichts nach den Erfahrungen Amerika's aussprechen; ich bitte Sie, meine Herren, geben Sie den Schlußstein für die Verfassung, einen Schlußstein, der die Freiheit sichert, und jedem einzelnen Bürger die Möglichkeit gibt, Recht zu finden, gegen

den Höchsten, sowie gegen den Niedrigsten; einen Schlußstein, der die deutsche Einheit erst möglich macht, welche sonst leicht in der Luft schwebt.«[15]

Das Bravo kam jedoch nur von der Linken.

Das Reichsgericht in der Paulskirchenverfassung war die erste ausdifferenzierte Verfassungsgerichtsbarkeit in Europa. Es war kein Kassationshof – nach dem Vorbild der Französischen Revolution – und nicht bloß oberste Rechtsmittelinstanz über den Gerichten der Länder, sondern ein echtes Verfassungsgericht oder, wie damals eher gesagt wurde, ein Staatsgerichtshof. Die Verfassungsbeschwerde des Paragraphen 126 sollte dem umfangreichen Grundrechtskatalog erst seine volle Durchsetzbarkeit verleihen.

Das Reichsgericht ging in seinen Kompetenzen über die Schweiz hinaus, da auch die Reichsorgane seiner Jurisdiktion unterstellt waren. In anderen Zügen war es eher der Schweizer Lösung ähnlich: föderale Sicherung, nicht richterliche Normenprüfung stand im Zentrum dieser Konzeption und unterschied sich damit von dem späteren österreichisch-deutschen Modell[16]. Selbst amerikanische Betrachter waren beeindruckt. Der amerikanische Historiker George Bancroft, damals Gesandter in London – der sonst von amerikanischen Errungenschaften sehr eingenommen war –, lobte das Reichsgericht:

»Es ist eine große Verbesserung, im Vergleich zu unserem die beste Sache der Welt, Germany for ever.«[17]

In der zweiten Hälfte des Jahrhunderts war das amerikanische Prinzip des »judicial review« vor allem in den britischen Dominions einflußreich – mit der Übernahme des Föderalismus waren auch Weichen in Richtung einer Verfassungsgerichtsbarkeit gestellt worden. Der British North America Act von 1867 in *Kanada* sah »judicial review« noch nicht vor. 1875 wurde durch »ordinary statute« dennoch ein Supreme Court geschaffen. Trotz der Inspiration am US-Modell haben die Richter sich kaum im politischen Prozeß nach amerikanischem Vorbild profiliert. Sie üben eine sehr begrenzte richterliche Normenkontrolle aus, und auch unter der neuen Verfassung von 1982 – die immerhin einen Grundrechtskatalog eingebaut hat – sind die Aussichten für einen umfassenden Grundrechtsschutz, wie er in Amerika existiert, eher begrenzt[18].

Die Einfügung einer »Charter of Rights« ist eine stark verspätete Nachahmung des amerikanischen Vorbilds, das abweichend vom französischen Modell den Grundrechtskatalog als die ersten Amendments nachreichte. Dieser Schritt bedeutet einen radikalen Bruch mit der Verfassungstradition, die auf »Kontinuität und schrittweisen Wandel« ausgerichtet war, und wurde vielfach als Überforderung der Gerichte angesehen, die für die neuen Aufgaben nicht vorbereitet waren[19].

In *Australien* lehnte man sich im Rechtssystem nicht ganz so stark an Amerika an wie beim Föderalismus. Hier wurden einige Elemente auch vom kanadischen System übernommen[20].

Nicht nur in der institutionellen Ausdifferenzierung, auch in der zugrundeliegenden Konzeption hat sich die Verfassungsgerichtsbarkeit in Europa vom amerikanischen Modell immer weiter entfernt. Das amerikanische Modell ist als *»diffuse Normenkontrolle«* bezeichnet worden[21].

Im *österreichischen* Modell ist hingegen erstmals die *»konzentrierte Normenkontrolle«* verwirklicht worden. Hans Kelsen hat – auf der Grundlage der reinen Rechtslehre – seinen Einfluß als Beauftragter von Karl Renner, dem Staatskanzler der provisorischen deutsch-österreichischen Regierung, zugunsten des Verfassungsgerichts geltend gemacht. Er hat dies später öfters als »sein liebstes Kind« bezeichnet. Die Passagen seines Entwurfs über den Verfassungsgerichtshof gingen mit unwesentlichen Änderungen in die Verfassung ein. Es gibt wenig Evidenz, daß Kelsen damals das amerikanische Vorbild im Auge hatte[22]. In den Kommentaren zu Kelsens Sammlung der österreichischen Verfassungsgesetze wird sogar explizit davon gesprochen: »Bei allen Entwürfen diente neben der reichsdeutschen auch die schweizerische Verfassung als Vorbild.«[23]

Kelsen knüpfte an die Tradition des Reichsgerichts an, das er zu einem echten Verfassungsgerichtshof fortentwickelte; Schüler Kelsens wurden beim Nachweis der österreichischen Quellen der Idee geradezu lyrisch:

»Daß die Reine Rechtslehre und die Verfassungsgerichtsbarkeit als ihr Sinn aus großösterreichischem Grund und Boden erwachsen sind, trifft uns nicht als Zufall. Die ungezählten politischen Gegensätze zwischen den Gliedern des Donaureiches untereinander wie zwischen einem Glied und der Zentrale sind von alters her nur ausnahmsweise mit Waffen als Machtkämpfe, in der Regel mit verfassungsrechtlichen Argumenten als Rechtsstreitigkeiten ausgetragen worden. Erinnert man sich, daß Österreich ›die letzte politische Form des alten Römischen Reichs war‹, klingt es nicht übertrieben, zu behaupten, daß kaum in einem Erdteil das Recht und seine stringenten Formen so ernst genommen werden wie in Wien, der Gründungsstätte der weltgültigen Wiener rechtshistorischen Schule im allgemeinen, der ›Reinen Rechtslehre‹ im besonderen.«[24]

An dieser Selbstverherrlichung der Kelsen-Schule ist auch in Österreich Kritik geübt worden. Es wird auf die lange Tradition deutscher Staatsrechtler von Mohl bis Jellinek verwiesen, die sich zum Gedanken der Verfassungsgerichtsbarkeit vor Kelsen geäußert haben, und auf die österreichische Tradition, wo in den stärker föderalistischen Plänen zur Umstrukturierung des Reiches das Prinzip des richterlichen Prüfungsrechts immer wieder auftauchte. Von diesen Bemühungen hieß es:

»Das amerikanische Beispiel hatte sich nicht durchgesetzt – ohne seine gedanklichen Anstöße freilich hätte eine Gesetzesprüfung nicht so schnell die Stufe der Positivierung erreicht.«[25]

Eine ganze Reihe von Vorbedingungen war nötig für die rasche Positivierung. Auch dem amerikanischen Vorbild mag ein gewisser Anteil zukommen. Wichtiger aber waren politische Umstände, die der Idee des richterlichen Prüfungsrechts zum Durchbruch verhalfen. Zu ihnen gehörte die latente Bürgerkriegssituation in einem Staat, den die Mehrheit nicht wollte und der dennoch einer werden mußte; weil die Alliierten den Anschluß an das Deutsche Reich verboten hatten, war die Verfassungsgerichtsbarkeit aus ganz anderen Quellen als aus dem amerikanischen

Prinzip des »judicial review« entstanden. Sie entstand aus dem Mißtrauen der politischen Lager. Der Spannungszustand verlangte möglichst unpolitische Entspannungseinrichtungen. Nicht der föderalistische Konflikt, wie im alten Österreich, sondern eher der ideologische Parteienkonflikt stand im Gegensatz zu Amerika an der Wiege des Modells. Man hat von einem entpersonalisierten »kollegial organisierten Ersatzkaiser« bei dieser Lösung gesprochen[26].

Die starke institutionelle Absicherung des österreichischen Verfassungsgerichtshofes entsprach alten deutschen Rechtstraditionen und neuen politischen Notwendigkeiten. Das amerikanische Modell hätte in Europa – wo das Prinzip des »stare decisis«, die Bindung der unteren Gerichte an die Entscheidungen des höchsten Gerichts, nicht wie in den »common-law«-Ländern dominiert – zur Rechtsunsicherheit beigetragen. Manche Richter würden eine Norm als verfassungswidrig ansehen, andere würden sie anwenden. Selbst das gleiche Gericht könnte im Lauf der Zeit seine Meinung zu diesem Punkt ändern. Da ein Gesetz, das einmal als verfassungswidrig erklärt wurde, in Kraft bleibt, würde ohne das Prinzip des »stare decisis« eine Konsequenz eintreten, daß in jedem ähnlich gelagerten Fall erneut prozessiert werden müßte.

Zwischen den beiden Modellen – dem österreichischen und dem amerikanischen – fand die *Schweiz* einen Mittelweg, indem sie dem Bundesgericht die Befugnis übertrug, über den konkreten Fall hinaus zu entscheiden und das Gesetz mit Wirkung *»erga omnes«* außer Kraft zu setzen[27].

Das österreichische Modell breitete sich nach dem Zweiten Weltkrieg in Europa aus, vor allem in Italien und in der Bundesrepublik Deutschland.

In *Italien* war die Übernahme des Prinzips halbherzig und beschränkt. Da Italien kein Bundesstaat war, schien die Einrichtung vielen Kritikern überflüssig. Sie wurde dennoch häufig damit begründet, daß im Gegensatz zur flexiblen Verfassung des Statuto Albertino, das nach britischem Vorbild durch Parlamentsbeschluß geändert werden konnte, eine rigide Verfassung mit erschwerter Amendment-Prozedur geschaffen worden war. Richterliches Prüfungsrecht wurde daher empfohlen, um den Verfassungswandel zu erleichtern.

Die Einrichtung war auch nach Aufnahme in die Verfassung noch so umstritten und fremd, daß das Parlament sieben Jahre brauchte, bis es das nötige Gesetz 1955 schuf und der *corte costituzionale* 1956 seine Arbeit aufnehmen konnte.

Die *Bundesrepublik Deutschland* hat 1949 versucht, die Verfassungsgerichtsbarkeit in ihrer »reinsten Form« zu verwirklichen. Das Bundesverfassungsgericht wurde ein »perfektionierter Supreme Court«[28]. Ein Oktroi der Besatzungsmächte lag nicht vor, wie von der gegnerischen Publizistik manchmal unterstellt wurde. In den Frankfurter Dokumenten der Alliierten vom 1. Juli 1948 wurde eine »demokratische Verfassung föderalistischen Typs« gefordert. Die Verfassungsgerichtsbarkeit wurde den deutschen Verfassungsgebern nicht nahegelegt. Gleichwohl diente der Supreme Court vielfach als Modell. Die Alliierten wurden durch diese Einrichtung – im Gegensatz zu den japanischen Ereignissen – jedoch eher für die deutschen Vorschläge eingenommen. Die These Ridders, daß die Alliierten wegen der Verfassungsgerichtsbarkeit auf ein Vetorecht verzichtet hätten, läßt sich allerdings nicht belegen[29].

Vor allem bei der Richterwahl haben einzelne Mitglieder des Parlamentarischen Rates wie der Vorsitzende des Hauptausschusses Carlo Schmid gern die politische Funktion der neuen Institution herausgehoben, aber im ganzen hat man doch wohl ein weniger politisch einflußreiches Gremium anvisiert. Trotz der alten deutschen Tradition der Staatsgerichtsbarkeit gab es auch viel Unsicherheit mit der neuen Einrichtung, wie sie vom Abgeordneten Süsterhenn im Parlamentarischen Rat formuliert wurde: »Wir haben keine Angst vor der von dem mit zwei ›t‹ geschriebenen Namensvetter des Kollegen Carlo Schmid an die Wand gemalten Gefahr einer sogenannten justizförmigen Politik.« Er berief sich ebenfalls auf das amerikanische Vorbild, wo der Supreme Court »zum verkörperten Gewissen der Volksgesamtheit geworden ist«[30].

Auch die Politiker, die nicht voll für die Einrichtung gewonnen schienen, litten unter dem Geruch, Carl Schmitts Diskriminierung der Verfassungsgerichtsbarkeit mit Hilfe der dichotomischen Gegenüberstellung von totalem und pluralistischem Staat zu folgen, gegen die Kelsen Anfang der dreißiger Jahre zu Felde gezogen war[31].

Dennoch hat nach begründeter Ansicht die klassische Debatte von Carl Schmitt versus Hans Kelsen keinen großen Einfluß auf die Verfassungsväter gehabt[32].

Beide waren sich über die politische Funktion einer solchen Einrichtung klarer als die meisten Väter des Grundgesetzes. Kelsen hatte 1929 vor der Vereinigung der Deutschen Staatsrechtslehrer für »die Ausschaltung parteipolitischer Einflüsse« plädiert und empfohlen, der Kassation eines Gesetzes durch das Verfassungsrecht keine rückwirkende Kraft zu geben[33].

Im Parlamentarischen Rat 1948/49 wurde das amerikanische Vorbild von vielen Hauptrednern von Carlo Schmid bis Walter Strauss, später Richter am Gerichtshof der Europäischen Gemeinschaften in Luxemburg und Staatssekretär, immer wieder beschworen. Letzterer berief sich in einer Denkschrift ausführlich auf den Supreme Court und machte sich durch diese freiwillige Vorleistung komparatistisch so kundig, daß er einen großen Teil der erstaunlich spärlichen Debatte zu diesem wichtigen Punkt bestreiten konnte.

Bei seinem Plädoyer für ein einheitliches Oberstes Gericht berief er sich vor allem auf Amerika, aber auch auf die deutsche Rechtstradition. Spezialgerichte waren den Amerikanern verdächtig. Nur in Europa lehnte es der Staat ab, sich mit den Bürgern auf eine Stufe zu stellen. Dennoch machte Strauss für »rein politische Streitigkeiten« eine Ausnahme, weil ... »im Gegensatz zu den Vereinigten Staaten die Autorität eines lediglich mit Berufsrichtern besetzten Gerichts in Deutschland dazu noch nicht groß genug« sei[34]. Er wollte den deutschen »Supreme Court« aus politischen Streitigkeiten heraushalten, daher sollten Verfassungsstreitigkeiten noch einem besonderen Verfassungsgericht überwiesen werden.

Trotz solcher detaillierter Erörterungen einzelner Mitglieder des Parlamentarischen Rates war die Kenntnis von Amerika im ganzen begrenzt. Angesichts der von den Amerikanern verlangten Eile war eine Einarbeitung in den Rechtsvergleich – wie er in Frankreich und Italien in einigen Unterkommissionen üblich gewesen ist – in Deutschland nicht möglich. Weniger das amerikanische Modell als die Reaktion auf den Unrechtsstaat des Nationalsozialismus und die bewußte Wiederanknüpfung an ältere

Verfassungstraditionen vor der Ära Bismarck wirkten motivierend auf viele Verfassungsväter. Grundsatzfragen der Verfassungsgerichtsbarkeit wurden erstaunlich kursorisch behandelt. Die Delegationen der Länder, die sich zum Verfassungsausschuß auf Einladung des bayerischen Ministerpräsidenten Hans Ehard im August 1948 in Herrenchiemsee einfanden, hatten wenig konkrete Vorarbeit geleistet – außer Bayern. Die Arbeitspapiere der bayerischen Staatsregierung stammten aus privaten Quellen von Staatsrechtslehrern wie Hans Nawiasky – dem Schöpfer der bayerischen Verfassung – und Hans Kelsen – dem Vater des österreichischen Verfassungsgerichtshofs[35].

Die Schaffung eines speziellen Verfassungsgerichts oder eines einheitlichen höchsten Bundesgerichts nach dem Vorbild des Supreme Court in den USA oder der Schweiz war anfangs durchaus offen. Erst der Rechtspflegeausschuß des Parlamentarischen Rates entschied die Frage. Bei den Zuständigkeiten übernahm der Parlamentarische Rat erstaunlich konfliktlos die Vorschläge des Herrenchiemseer Konvents.

In der Ausgestaltung der Verfassungsgerichtsbarkeit spielte das österreichische Modell – als einzige Realisierung europäischer Rechtstraditionen – eine wichtige Rolle. Italien wie die Bundesrepublik – nicht zuletzt über den einflußreichen Kelsen-Schüler Nawiasky – haben sich auch daran orientiert. In einigen Bereichen kam es jedoch bei der Rezeption in Italien und Deutschland auch zu einer Wiederannäherung an das amerikanische Vorbild: Nicht alle Richter üben in den drei europäischen Ländern die Normenkontrolle selbst aus wie in Amerika. Das ist Sache des Verfassungsgerichts. Die beiden Systeme der Verlierer des Zweiten Weltkrieges haben sich aber dem amerikanischen Vorbild insofern wieder angenähert, als sie – im Gegensatz zu Österreich – allen Richtern die Befugnis einräumen, ein für verfassungswidrig gehaltenes Gesetz der Prüfung des Verfassungsgerichts zu unterbreiten. In einem anderen Bereich stellten sich jedoch die beiden Systeme in die Nähe des österreichischen: Andere, nicht gerichtliche Organe können *principaliter*, nicht nur *incidenter* – also anhand eines konkreten Falles – das Verfassungsgericht anrufen. In Deutschland ist der Kreis der Antragsberechtigten noch weiter als in Italien, bis zum einzelnen Bürger, der sich in seinen Grundrechten verletzt fühlt. Der unter amerikanischer Ermutigung und Druck gestärkte Wille zum Schutz der Demokratie führte also vielfach dazu, daß man gerade vom amerikanischen Modell im Einzelfall wieder abweichen mußte. Die Einführung der abstrakten Normenkontrolle – keineswegs inzwischen von allen als glückliche Lösung akzeptiert – ist ein weiterer Schritt weg vom amerikanischen Modell, um einen möglichst umfassenden Rechtsschutz zu gewähren, der sich nicht nur auf konkrete Anlässe von Prozessen beschränkt. Gerade die Mängel des amerikanischen Modells hat man damit vermieden – der auch die japanische Kopie nicht entgangen zu sein scheint –, daß der inzidentielle Charakter der Normenkontrolle dazu führte, daß ein »judicial review« gegenüber einem augenscheinlich verfassungswidrigen Gesetz nicht möglich war[36].

Die europäischen Schüler mußten also über den amerikanischen Meister im Licht von dessen eigenen Erfahrungen hinausgehen. Diese zusätzliche Sicherheit hatte jedoch ihren Preis, weil die Verfassungsgerichtsbarkeit damit die Tendenz entwickelte, allzu stark politische Fragen aufzugreifen. Eine »political question«-Doktrin im amerikanischen Sinn konnte sich vor allem in der Bundesrepublik nicht entwickeln.

Es erscheint kein Zufall, daß bei einer Befragung 1983 nur zwei Verfassungsrichter die Übernahme der »political-question«-Doktrin befürworteten[37] und daß die Akzeptierung ihrer Äquivalente in der Kalkar-Entscheidung wie bei den jüngsten Fällen der Klagen gegen die Auflösung des Bundestages und gegen die Raketenstationierung eher implizit und schrittweise vorgenommen werden[38]. In der Außenpolitik war diese Tendenz schon immer größer. Etwa beim Urteil über den Grundlagenvertrag gab es Ansatzpunkte zu der Entwicklung der »political-question«-Doktrin[39]. Der Ausdruck »Doktrin« täuscht vor, daß es sich in Amerika um eine klar abgegrenzte Lehre handelt. Die sogenannte Doktrin wird jedoch in vielen Entscheidungen in abgeschwächter Form gebraucht[40].

Wenn die »political-question«-Doktrin in Deutschland vielfach in der Hoffnung empfohlen wird, mehr richterliche Zurückhaltung zu erzeugen, so zeigen doch die amerikanischen Erfahrungen, daß die Anwendung dieser Doktrin kein Allheilmittel ist.

Auch in Amerika war sie kein Instrument, den Supreme Court zu veranlassen, sich der Entscheidung über politisch brisante Fälle zu enthalten[41].

Manchmal haben Entscheidungen des Supreme Court die sozialen Konflikte angeheizt. Die Dred Scott-Decision – über frühere Sklaven, die in einen Sklavenhalterstaat zurückkehrten – wird geradezu unter die Auslöser des Bürgerkriegs gezählt[42].

Der Supreme Court der USA ist in verschiedenen Phasen unterschiedlich aktiv gewesen, trotz der Entwicklung der »political-question«-Doktrin. Einige amerikanische Autoren sehen hier ein ungelöstes strukturelles Problem.

Die Gerichte sind fern von der Realität und den Umständen und haben es immer mit einer viel zu kleinen Scheibe dieser Realität zu tun[43]. Daraus resultieren die oszillierenden Wellen des Impacts auf den politischen Prozeß: »entweder zu rasch oder zu langsam« – nie jedoch in angemessenem Tempo. In Deutschland sind die Schwankungen geringer, der oben zitierte lapidare Satz wäre für die Richter in Karlsruhe kaum anwendbar. Die sozialen Verhältnisse sind in einem kleineren Lande auch einheitlicher, allerdings sind die verfassungsmäßigen Anforderungen an die Vereinheitlichung der Lebensverhältnisse auch stärker durch das Grundgesetz vorstrukturiert. Ein Minimum an »sozialdemokratischem Konsens« mit egalitärem Impetus stand hinter dem Grundgesetz, der dem amerikanischen Lebensgefühl im Sozialen weit weniger entspricht, sosehr der Egalitarismus in Amerika in der rechtlichen Sphäre sonst weiter entwickelt war als in den kontinentalen Ländern mit zahlreichen ständischen Relikten.

Der Einfluß des Supreme Court auf die public policy war überwiegend negativ. Reformen – wie sie der Warren Court anstieß – waren nur durch die Kooperation mit anderen staatlichen Organen möglich[44]. Die Implementation der Entscheidungen der Exekutive zu forcieren war kaum möglich. Weit häufiger kam es dazu, daß Implementation von Regierungsentscheidungen um Jahrzehnte durch den Supreme Court verzögert wurden. Gegen Obstruktion der Courts hat der Gesetzgeber zwar Mittel wie die *Verfassungsänderung*, aber Gerichtsentscheidungen durch Verfassungsamendment zu überspielen gelingt um so seltener, je schwerfälliger die

Amendment-Prozedur ist. In Amerika ist dies im Lauf der Geschichte nur viermal gelungen[45].

Nicht das globale amerikanische Modell des Supreme Court, sondern einzelne seiner Institutionen sind einflußreich gewesen. In Deutschland gab es starke Widerstände gegen die Übernahme der »dissenting votes«. Erst mit einer Reform von 1970 wurde dieses Prinzip eingeführt. In der vergleichenden Literatur ist der Einfluß der »proliferation of judicial opinion-writing« – vor allem in den angelsächsischen Commonwealth-Ländern – positiv beurteilt worden, weil es Flexibilität in das Verfassungsrecht getragen habe[46].

Der Ursprung des »dissenting vote« – im geringeren Hierarchie- und Laufbahndenken des angelsächsischen Rechtskreises[47] – bewirkte freilich, daß die Übernahme dieser amerikanischen Institution in der Schweiz und in Deutschland zu weniger »hitzigem richterlichem Dissens« führte als befürchtet.

Anmerkungen

1 Karl Loewenstein: Der Staatspräsident. In: Ders., Beiträge zur Staatssoziologie. Tübingen, Mohr, 1961 (331–396), S. 332, Anm. 1.

2 Kenneth C. Wheare: Federal Government. London, Oxford UP, 1963, 4. Aufl., S. 53ff.

3 Vladimir Tumanov: Počemu v Sovetskom Sojuze net konstitucionnogo suda. Moskau, 1985 (hektographiert).

4 Vgl. Donald P. Kommers: Judicial Review in Italy and West Germany. In: JÖR, 30, 1981, S. 1124–33; Carl J. Friedrich: Representation and Constitutional Reform in Europe. In: Western Political Quarterly 1948, (124–130), S. 124.

5 Rudolf Smend: In: Das Bundesverfassungsgericht. Karlsruhe, C. F. Müller, 1963, S. 27.

6 Vgl. Ulrich Scheuner: Die Überlieferung der deutschen Staatsgerichtsbarkeit im 19. und 20. Jahrhundert. In: Christian Starck (Hrsg.): Bundesverfassungsgericht und Grundgesetz. Tübingen, Mohr, Bd. 1, 1976 (1–62), S. 10f.; Friedrich Kühn: Formen des verfassungsgerichtlichen Rechtsschutzes im deutschen Reichs- und Landesstaatsrecht. Leipzig, Weicher, 1929, passim.

7 Fritz Fleiner/Z. Giacometti: Schweizerisches Bundesstaatsrecht. Zürich, Polygraphischer Verlag, 1965, Neudruck, S. 887; Z. Giacometti: Die Ver-

fasssungsgerichtsbarkeit des Schweizerischen Bundesgerichtes. Zürich, Polygraphischer Verlag, 1933, S. 27ff.

8 Alexander Hamilton et al.: The Federalist or the New Constitution. London, Everyman, 1948, S. 394 (Federalist Paper Nr. 78).

9 Zit. René Marcic: Verfassung und Verfassungsgerichtsbarkeit. Wien, Springer, 1963, S. 204.

10 Mauro Cappelletti/Theodor Ritterspach: Die gerichtliche Kontrolle der Verfassungsmäßigkeit der Gesetze in rechtsvergleichender Betrachtung. In: JÖR, 1971 (65–109), S. 90f.

11 Vgl. Hans Joachim Faller: Die Verfassungsgerichtsbarkeit in der Frankfurter Nationalversammlung. Festschrift für Willi Geiger. Tübingen, Mohr, 1974, S. 827–866.

12 Rudolf Hübner (Hrsg.): Aktenstücke und Aufzeichnungen zur Geschichte der Frankfurter Nationalversammlung aus dem Nachlaß von Johann Gustav Droysen. Stuttgart, DVA, 1924, S. 136.

13 Franz Wigard (Hrsg.): Stenographischer Bericht über die Verhandlungen der deutschen constituirenden Nationalversammlung zu Frankfurt am Main. Frankfurt, 1848, Bd. 5, S. 3609 Sp. 1, und Bd. 8, S. 5687, Sp. 1.

14 Ebd., Bd. 5, S. 3614, Sp. 1.

15 Ebd., Bd. 5, S. 3616, Sp. 1.

16 Scheuner, op. cit., S. 30.

17 Zit. Faller, op. cit., S. 831.

18 James C. Macpherson: The Potential Implications of Constitutional Reform for the Supreme Court of Canada. In: Stanley M. Beck/Ivan Bernier (eds.): Canada and the New Constitution. Montreal, The Institute for Research on Public Policy, 1983, Bd. 1 (161–223), S. 168; Ronald G. Landes: The Canadian Polity. A Comparative Introduction. Scarborough, Prentice Hall of Canada, 1983, S. 418.

19 Keith Banting/Richard Simeon: And No One Cheered. Federalism, Democracy and The Constitution Act. Toronto, Methuen, 1983, S. 89.

20 Alexander Brady: Democracy in the Dominions. Toronto, UP, 1947, 1955, S. 157.

21 Cappelletti/Ritterspach, op. cit., S. 84.

22 So auch: Rudolf Aladár Métall: Hans Kelsen. Leben und Werk. Wien, Deuticke, 1969, S. 35.

23 Hans Kelsen (Hrsg.): Die Verfassungsgesetze der Republik Österreich. Teil 5. Wien, Deuticke, 1922, S. 55.

24 René Marcic: Verfassungsgerichtsbarkeit und Reine Rechtslehre. Wien, Deuticke, 1966, S. 56.

25 Herbert Haller: Hans Kelsen – Schöpfer der verfassungsgerichtlichen Gesetzesprüfung? In: Arbeitshefte der Wirtschaftsuniversität Wien, Reihe Rechtswissenschaft, Nr. 4, 1977, S. 92. Zur dogmatischen Tradition im deutschen Sprachraum: Christoph Gusy: Richterliches Prüfungsrecht. Eine verfassungsgeschichtliche Untersuchung. Berlin, Duncker & Humblot, 1985.

26 Manfried Welan: Der Verfassungsgerichtshof – eine Nebenregierung? In: Heinz Fischer (Hrsg.): Das politische System Österreichs. Wien, Europaverlag, 1977, 2. Aufl. (271–316), S. 283.
27 Cappelletti/Ritterspach, op. cit., S. 86; Rudolf Heinrich Grossmann: Die staats- und rechtsideologischen Grundlagen der Verfassungsgerichtsbarkeit in den Vereinigten Staaten von Amerika und in der Schweiz. Zürich, Schulthess, 1948, S. 121 ff.
28 Rudolf Dolzer: Die staatstheoretische und staatsrechtliche Stellung des Bundesverfassungsgerichts. Berlin, Duncker & Humblot, 1972, S. 39.
29 Helmut Ridder: In Sachen Opposition. In: Festschrift für Adolf Arndt zum 65. Geburtstag. Frankfurt, EVA, 1969, (323–348) S. 333.
30 Parlamentarischer Rat: Stenographischer Bericht über die Plenarsitzungen. Bonn 1948/49, S. 25, Sp. 2.
31 Hans Kelsen: Wer soll der Hüter der Verfassung sein? Berlin, Rothschild, 1931, S. 36.
32 Dolzer, op. cit., S. 37.
33 Hans Kelsen: Wesen und Entwicklung der Staatsgerichtsbarkeit. In: VVDStRL, H. 5. Berlin, De Gruyter, 1929, S. 85, 87.
34 Walter Strauss: Der oberste Bundesgerichtshof. Heidelberg, Lambert Schneider, 1949, S. 28.
35 Heinz Laufer: Verfassungsgerichtsbarkeit und politischer Prozeß. Tübingen, Mohr, 1968, S. 38 ff.
36 Cappelletti/Ritterspach, op. cit., S. 101.
37 Christine Landfried: Bundesverfassungsgerichtsbarkeit und Gesetzgeber. Wirkungen der Verfassungsrechtsprechung auf die parlamentarische Willensbildung und die soziale Realität. Baden-Baden, Nomos, 1984, S. 153.
38 Vgl. Rudolf Dolzer: Verfassungskonkretisierung durch das Bundesverfassungsgericht und durch politische Verfassungsorgane. Heidelberg, v. Decker/C. F. Müller, 1982, S. 29 ff.
39 Christian Tomuschat: Auswärtige Gewalt und verfassungsrichterliche Kontrolle. In: DÖV, 1973, S. 801.
40 Fritz Wilhelm Scharpf: Grenzen der richterlichen Verantwortung. Karlsruhe, C. F. Müller, 1965, S. 404 f.
41 Samuel Krislow: The Supreme Court in the Political Process. New York/London, MacMillan-Collier, 1965, S. 96.
42 Stephen L. Wasby: The Impact of the United States' Supreme Court: Some Perspectives. H. Homewood/Ill., Dorsey Press, 1970, S. 6 f.
43 Alexander H. Bickel: The Supreme Court and the Idea of Progress. New Haven, Yale UP, 2. Aufl., 1979, S. 175.
44 Archibald Cox: The Role of the Supreme Court in American Government. Oxford, Clarendon, 1976, S. 76 f.
45 John Hart Ely: Democracy and Distrust. A Theory of Judicial Review. Cambridge/Mass., Harvard UP, 1982, 2. Aufl., S. 46.

46 Edward McWhinney: Federal Constitutional Court and Their Judges, as Instruments of a Democratic Polity. In: Karl Dietrich Bracher u. a. (Hrsg.): Die moderne Demokratie und ihr Recht. Festschrift für Gerhard Leibholz zum 65. Geburtstag. Tübingen, Mohr, 1966, Bd. 2 (513–530), S. 517.

47 Vgl. Hans Georg Rupp: Zur Frage der Dissenting Opinion, ebd., Bd. 2 (531–549), S. 532.

V. Institutionen der Repräsentation und der Partizipation

In keinem Land sind die großen amerikanischen Institutionen integral übernommen worden. Mit zunehmender Führungsrolle wurde jedoch das amerikanische Modell immer eifriger studiert. Amerika wurde einflußreich durch zahlreiche kleinere Anleihen in den Institutionen von Repräsentation und Partizipation. Kritiker in Amerika selbst scheinen diesen Einfluß sogar für zu groß zu halten: »Da die USA eine so übermächtige hegemoniale Macht in einigen akademischen Disziplinen sind, hat dies in jüngster Zeit im besonderen ... bedeutet, daß die Konfiguration ihrer Systemstrukturen oft als das Modell angesehen wurde, das dem Bürgerschaftsprinzip entspricht. Nach meiner Meinung ist dies eine seltsame Wahl, wenn man davon ausgeht, daß dieses Land entschieden unterentwickelte Leistungen anhand einiger Schlüsselindikatoren zeigt wie: hoher Anteil von Wahlenthaltung, restriktive Praktiken der Wählerregistrierung, schwacher gewerkschaftlicher Organisationsgrad, geringer Wettbewerb bei vielen Parlamentssitzen, Barrieren gegen die Bildung neuer Parteien usw.«[1] Gerade die wenig formalisierten Bereiche der politischen Partizipation wurden von Schmitter negativ bewertet. Es zeigt sich jedoch, daß die Vorbildrolle sich in diesem Bereich eher bescheiden ausnimmt. Sie beschränkt sich auf wenige Bereiche des parlamentarischen Lebens und die Vorwahlen. Die meisten Bereiche von Wahlen, Parteien und Interessengruppen sind hingegen dem Ausland meist fremd geblieben – bis hin zum amerikanischen Waschmittelwahlkampf –, auch wenn manche Technik der Wahlkampfführung nachgeahmt wurde.

Im *parlamentarischen Bereich* gehörten manche Einrichtungen zu den bewunderten Institutionen, die man vielfach kopierte, wie das arbeitsintensive Ausschußsystem, die Conference Committees als Vermittlungsprozedur, die Unterausschüsse oder die Hearings.

Italien hat sich an den »joint committees« inspiriert[2], Italien und *Deutschland* haben die Hearings mit bewußtem Rekurs auf Amerika eingeführt. Beim Vermittlungsausschuß, dessen Erfindung Adenauer zugeschrieben wurde, haben Mitglieder des Fünferausschusses, die über die Genesis noch befragt werden konnten, den dominierenden Einfluß des amerikanischen Modells zugegeben:

Menzel: »Ausländische Vorbilder waren entscheidend«, Carlo Schmid: »An ausländische Vorbilder habe ich zunächst nicht gedacht. Ich bin allerdings bei dem Versuch einer konkreten Lösungsmöglichkeit für Konflikte zwischen den beiden Organen Bundesrat und Bundestag auf das amerikanische Vorbild gestoßen.«[3]

Einige der Kopien haben sich in Europa voll adaptieren lassen, in außereuropäischen Demokratien blieben sie ein Fremdkörper. Das gilt etwa für das Ausschußsystem, das in die Geschäftsordnung des *japanischen* Parlaments mit starken Anleihen beim amerikanischen Legislative Reorganisation Act von 1946 Eingang fand. Die Auswirkungen blieben weit hinter dem amerikanischen Modell zurück. Eine vergleichende Studie zum Ausschußwesen kam zu dem Schluß: »Das stärkste Ausschußsystem in unserer Studie, das amerikanische, ist so durch die Übertragung zum schwächsten geworden (das japanische). Dieses Beispiel vermehrt die bereits bestehenden Belege dafür, daß die Bemühungen von kolonialen oder Besatzungsmächten, ihre Regierungseinrichtungen in fremder Umgebung aufzudrängen, keine Erfolgsgarantie in sich trägt.«[4]

Das amerikanische *Parteiensystem* hat als ganzes weder Bewunderung noch Nachahmungswunsch in der Welt erweckt. Trotz des häufigen Vergleichs der Zweiparteiensysteme USA und Großbritannien blieb das britische Modell das einflußreichere. Selbst in Amerika hat die resignative Einsicht, daß das präsidentielle System nicht grundlegend reformiert werden konnte, zum Wandel durch Reformen im Parteiensystem geführt. Eine große Gruppe von Reformvorschlägen ist vom Mißtrauen gegen institutionelle Änderungen im Verhältnis der Gewalten geprägt. Sie suchen eine Integration der beiden wichtigsten Gewalten nicht durch Änderung der Verfassung oder durch Parlamentsreform, sondern durch eine Verklammerung vermittels der Parteien und streben einen Ausbau des »responsible party government« an.

Seit Woodrow Wilson gab es in Amerika die Forderung nach »party government«, wobei das britische Parteiensystem häufig als Vorbild hingestellt wurde. Wilson und A. Lawrence Lowell waren die ersten großen Antipoden in der Parteidiskussion. Auch Lowell hatte Sympathien für das britische System, da er jedoch die Übertragbarkeit dieses Systems auf Amerika für unmöglich erachtete, war ihm auch die Parteilehre Wilsons als allzu »parlamentarisch« verdächtig. Er führte gegen Wilson ein Argument ins Treffen, das bis heute immer wieder aufgegriffen wird: Das britische Parteiensystem schließe ein Ausmaß von Mehrheitsbereitschaft ein, das mit der amerikanischen Verfassungskonstruktion und einer starken Sorge um den Minderheitenschutz kaum vereinbar sei[5].

In dem umstrittenen Bericht der »American Political Science Association« – ein abschreckendes Beispiel für Expertenpolitik im Gewand der Autorität einer ganzen wissenschaftlichen Vereinigung – wurde das Volk in paternalisierender Weise kritisiert. Englische Mythen einer rational-aktivistischen Politik ohne den »Sumpf unideologischer Interessenpolitik« gingen in diesen Bericht in unverhüllter Form ein.

Der Bericht begriff nicht, daß das amerikanische Parteiensystem die Aversion gegen Mehrheitstyrannei widerspiegelte, die auch den Verfassungsinstitutionen zugrunde lagen, und daß diese Aversionen nicht durch ein paar gutgemeinte institutionelle Änderungen abgebaut werden konnten[6].

Mit der Zurückdrängung der älteren institutionalistischen Schule wurde diese Debatte aufgegeben. Sie war ein hilfloser Versuch gewesen, einen Kompromiß in der alten Debatte »präsidentielles versus parlamentarisches Regierungssystem« zu finden, wohl wissend, daß eine Parlamentarisierung des amerikanischen Systems keine Chance hatte. (Vgl. Kap. II)

Mit der behavioristischen Welle schien sich die Argumentation zugunsten des amerikanischen Modells umzukehren. Der Niedergang der amerikanischen Parteien erschien nun als ein Zeichen von Reife. Nicht so sehr die Institutionen des »Modells Amerika« waren im Bereich von Parteien und Wahlen von Einfluß, als die Interpretationsmuster, gewonnen in amerikanischer Feldarbeit. Europa begann darüber nachzudenken, ob die abnehmende Parteiidentifikation auch Europa erfassen werde.

Je weiter sich ein europäisches System vom Zweiparteienmodell Amerikas entfernte, für das die Hypothese der *Parteiidentifikation* entwickelt worden war, um so größer erschien die Gefahr, daß die Ergebnisse tautologisch waren. Sozialstrukturelle Determinanten politischen Verhaltens bewirkten in vielen europäischen Demokratien eine größere Übereinstimmung von Parteiidentifikation und Wahlverhalten. Beide Faktoren aber waren in größerem Maße als in Amerika von einer dritten Größe abhängig.

Am leichtesten schien das Konzept der Parteiidentifikation auf Großbritannien übertragbar. Butler und Stokes arbeiten damit, sie nannten es jedoch vorsichtiger »partisan self images«, um die Identifikation nicht zu überinterpretieren. Auch in England stimmten diese »self-images« mit den Wahlpräferenzen in größerem Maße überein als in den USA[7].

In Europa ging dem Parteiwechsel häufiger ein Wechsel der dauerhaften Loyalität gegenüber der Partei voraus als in Amerika. Aber auch hier trafen einige Prognosen nicht ein. Butler und Stokes hatten es für möglich gehalten, daß die Identifikation mit den beiden größten Parteien in Großbritannien noch zunähme, weil die Identifikation mit den Liberalen im Abnehmen begriffen wäre. Das Gegenteil trat ein, und die Fluktuation der Stimmen nahm zu[8].

Die beiden größten Parteien hatten abweichend von den meisten anderen Ländern in Großbritannien einen Anteil, der von 77,4% der Wählerschaft (1950) auf 53,7% (Oktober 1974) abnahm. Auch die Wahlbeteiligung sank: Die Annahme, daß Parteiidentifikation ein Lernprozeß sei, der sich nur schrittweise in der Abfolge politischer Generationen wandele, wurde durch einen raschen sozialen Wandel in England fragwürdig gemacht[9]. *»Partisan dealignment«* erfaßte auch die britische Wählerschaft. Es setzte aber später ein als in den USA. Obwohl der Stimmenanteil der beiden größten Parteien ständig sank, hat sich die Parteiidentifikation durch die 60er Jahre gut gehalten und erlebte erst

1974 tiefere Einbrüche. Bei den Konservativen schienen diese Einbrüche durch singuläre Ereignisse ausgelöst worden zu sein (EG-Beitritt), während bei Labour längerfristige Tendenzen festgestellt wurden, wie die Unzufriedenheit vieler Wähler mit der Rolle der Gewerkschaften in Partei und Gesellschaft. In der Labourparty wandelte sich auch die soziale Zusammensetzung der Wähler rascher als bei den Konservativen. Zwar stammte die Mehrheit in den 70er Jahren noch aus dem Arbeitermilieu, aber die Mittelklassenwähler in der Partei nahmen zu. Daß gerade die junge Generation, die in älteren Studien immer eine geringere Bereitschaft zur Parteiidentifikation aufwies, eine Hauptursache für die Abnahme der Parteiloyalitäten war, ließ sich für Großbritannien nicht zeigen[10].

Auch in der *Bundesrepublik* ist das Konzept der Parteiidentifikation rezipiert worden. Die Bewertung seines Nutzens schwankte. Am Anfang schien es uneingeschränkt anwendbar. In Deutschland identifizierten sich noch mehr Bürger mit den Parteien (76,5 %) als in Amerika (72,5 %)[11]. Anfang der 70er Jahre wurde der Nutzen der Parteiidentifikation zunehmend bestritten, und erst Ende der 70er Jahre nahm das Interesse an dem Konzept als Analyseinstrument in differenzierter Form wieder zu.

Vielfach wurde nicht von Parteiidentifikation, sondern von »affektiver Parteiorientierung« gesprochen[12]. Neben der affektiven Komponente spielten jedoch kognitive Faktoren eine Rolle, vor allem im Begriff der »Issue-Kompetenz«, der Kompetenz von Parteien und Politikern, wichtige Probleme zu lösen.

Wertewandel, neue soziale Bewegungen und Niedergang der Organisationsmacht der Parteien nach dem Abklingen der Partizipationswelle Anfang der 70er Jahre schienen die amerikanischen Interpretationsmuster immer anwendbarer zu machen. Dennoch ist eine bewußte Förderung dieses Trends nicht einmal den konservativ-bürgerlichen Parteien nachzusagen. Im Gegenteil, vor allem christdemokratische Parteien wie DC und CDU erwiesen sich in Europa gerade in dieser Zeit fähig, ihre Organisationen zur gut institutionalisierten Massenpartei auszubauen.

Auch in anderen Bereichen des Parteilebens lief die europäische Entwicklung nicht in die gleiche Richtung wie in Amerika. Während in der Lobby-Regulation viele amerikanische Vorschriften inspirierend wirkten, hat sich Europa in der *Parteienfinanzierung* eher von Amerika wegentwickelt. In diesem Punkt gab es ausnahmsweise noch so etwas wie eine angelsächsische Tradition, die zur Ausdifferenzierung zweier ganz unterschiedlicher Modelle führte:

- Das *angelsächsische Modell* versucht den Wettbewerb auf dem politischen Markt durch Festsetzung von Höchstgrenzen bei den Ausgaben der Parteien zu erhalten.
- Das *kontinental-europäische* trachtet, den Finanzhunger der Parteien durch öffentliche Wahlkampfhilfen zu stillen, ohne die Finanzskandale ganz abschaffen zu können.

Nur im Bereich der Wahlkampfkosten für Präsidentschaftswahlkämpfe ergibt sich bisher eine gewisse Annäherung der beiden Modelle[13]. Es zeigt sich jedoch, daß die staatliche Subvention von Parteien die Finanzskandale und die Korruption nur partiell ausschalten konnte. Daher werden gerade die amerikanischen Erfahrungen mit »Offenlegung der Finanzen« und Begrenzung von Wahlkampfausgaben der kontinentalen Subventionspolitik schrittweise hinzugefügt.

Im Bereich der *Interessengruppen* vollzog sich eine Distanzierung vom amerikanischen Interpretationsmodell langsamer als im Bereich der Parteienforschung. Amerikanische Pluralismustheorien der Schule von Bentley und Truman dominierten die Nachkriegsszene vor allem in Deutschland. Neopluralisten wie Ernst Fraenkel kehrten aus der Emigration zurück und hatten die Klassenkonfliktmodelle der Weimarer Zeit durch Pluralismusmodelle amerikanischer Herkunft ersetzt[14]. Zunehmend zeigte sich jedoch, daß diese Modelle an der Wirklichkeit Europas noch stärker vorbeigingen als an der Realität Amerikas. Amerikanische Europaforscher konnten mit dem Bentleyismus in »nichtamerikanischen Feldsituationen« wenig anfangen. Die Entdeckung von Parentela- und Clientela-Strukturen in Italien führte zu der Einsicht, daß Bürokratien nicht nur Arenen für den und Bürokraten weniger Vermittler als Teilnehmer am Interessenkonflikt waren[15]. Kein Wunder, daß angesichts der stärkeren etatistischen Traditionen Kontinentaleuropas die Pluralismustheorien relativ kampflos dem Erklärungsmuster des Neokorporatismus das Feld räumten, ein Muster, das bis heute erklärungskräftig für die Kooperation von Staat und Verbänden in vielen europäischen Staaten, hingegen kaum für Amerika ist[16].

Diese Divergenzen im Bereich gesellschaftlicher Organisationen bedeuten jedoch nicht, daß Amerika nicht in einigen Bereichen gleichwohl Modellcharakter entwickelte. Die loseren Assoziationsformen der »citizen's action groups« und der »public interest groups«, die nicht eigene Interessen, sondern die wenig artikulationsfähigen sozialen Gruppen vertreten, hatten auch in Europa Vorbildwirkung. *Advokatenpolitik* à la Ralph Nader oder »public interest groups« wie Common Cause haben aber in weniger offenen Systemen der Interessenartikulation kaum funktionale Äquivalente zum amerikanischen Vorbild entwickeln können.

Absolutes Negativbild für Europa stellt das amerikanische Modell der *Arbeitsbeziehungen* dar. Nur die Arbeitgeber sehen Amerika (und Japan) als Vorbild an. Die Business unions in ihrer Fragmentierung und die andersartigen Beziehungen zu politischen Parteien sind nirgendwo auf der Welt auf großes Verständnis oder gar auf Nachahmung gestoßen[17].

Die Schwäche der Gewerkschaften und ihr geringes Prestige in der Bevölkerung, bei der sie unbeliebt sind und allenfalls als Element des demokratischen Pluralismus als unerläßlich akzeptiert werden, kann im Ausland nicht als Vorbild wirken[18].

Die amerikanische Literatur über Arbeitsbeziehungen war vielfach noch stärker in der Defensive als die über Parteienforschung. Günstigstenfalls wurde festgestellt: »Die amerikanische Gewerkschaftsbewegung durchläuft einen Reifeprozeß, und die Züge eines institutionellen Mittelalters werden in den kommenden Jahren zunehmend deutlich werden.«[19]

Amerika hat sowohl politische als auch ökonomische Rechte früher erkämpft als viele europäische Länder. Die Tendenz, eine anfängliche staatliche Repressionspolitik in eine intensive Kooperationspolitik umschlagen zu lassen – sobald staatliche Stellen die Gewerkschaften brauchten –, die zum liberalen Korporatismus führte, fehlt daher in Amerika. Das Fehlen feudaler Traditionen und die Offenheit des politischen Systems wurden zur Erklärung der amerikanischen Variante von Arbeitsbeziehungen angeführt[20]. Die »archaischen« Züge des amerikanischen Systems der Arbeitsbeziehungen sind daher manchmal auch als die »reiferen«

beschrieben, und der Kollektivismus, die Organisiertheit und Politisiertheit der Arbeiterbewegung in Europa eher mit »den fortdauernden Aspekten einer vorkapitalistischen Kultur« erklärt worden, was nicht gerade den Schluß zuläßt, daß diese Aspekte des Arbeitslebens Vorbild für die Zukunft postindustrieller Gesellschaften werden könnten[21].

So gesehen erklärt sich die Tendenz bei Neokonservativen, die »Nachhut« der Arbeiterbewegung der Welt für die Zukunft zur »Vorhut« zu erklären. Setzte sich diese Sichtweise durch, könnte in Zukunft das amerikanische System der Arbeitsbeziehungen Vorbildwirkungen entfalten, die über das Lager der organisierten Unternehmerschaft hinausgehen. Dies ist angesichts der europäischen Sozialstaatstraditionen jedoch eher unwahrscheinlich.

Die amerikanische Demokratie hatte in zweifacher Hinsicht Anpassungsschwierigkeiten für ihr archaisches Institutionensystem. Dieses mußte sich in den aufbrechenden sozialen Konflikten seit dem New Deal bewähren und mußte an die Rolle einer Weltmacht angepaßt werden. Kein Wunder, daß dies nicht ohne Friktionen ging. Die eigene amerikanische Kritik an den Institutionen der amerikanischen Demokratie war zu harsch, als daß diese in den Konflikten der 60er und 70er Jahre noch global als Vorbild Werbewirksamkeit entfalten konnte.

Dem »Modell Amerika« kam jedoch ein methodischer Paradigmenwechsel zugute. Der alte Institutionalismus wurde verdrängt von der *behavioristischen Revolte*. Das methodisch Nützliche ließ sich nun mit dem ideologisch Erwünschten verbinden. Die Umfrageforschung über das politische Verhalten der Amerikaner zeigte ein wesentlich günstigeres Bild der amerikanischen Demokratie, als es die deskriptiven und normativen Institutionenvergleiche ergeben hatten. Die Politikwissenschaft der ganzen Welt wurde zum »penetrierten System«, das die amerikanischen Interpretationsmuster willfährig übernahm und manchmal voreilig die führende Rolle Amerikas in der Politikwissenschaft auch für eine führende Rolle in der politischen Demokratie hielt.

Modellcharakter für Europa gewannen daher weder das Wahlsystem noch die Parteien, sondern jene Faktoren, welche beides mit Leben füllten und die in der *politischen Kultur* des Landes wurzelten. Aber gerade sie waren wenig übertragbar und allenfalls langfristig lernbar. So alt wie die Politische Kulturforschung ist der Vorwurf, die ideale politische Kultur, partizipatorisch, aber nicht allzu aktivistisch, sei schon nach amerikanischen Befunden definiert worden. Selbst wenn das für die Definition der »civic culture« zutreffen würde, so sind doch die späteren vergleichenden Untersuchungen nach Almond und Verba's bahnbrechender Studie, die diesen Mangel nicht enthielt, keineswegs zu gänzlich anderen Ergebnissen gekommen[22].

Nicht nur Begriffe und Methoden der empirischen Sozialforschung hatten Modellcharakter für die *Partizipationsforschung*, sondern die USA wurden trotz ihrer unvollkommenen Institutionen zu Musterschülern der Demokratie in vielen transnationalen Vergleichen. Mit Survey-Methoden wurden die alten Topoi der Nationalcharakterstudien bestätigt: »Während die Amerikaner das Evangelium des Reichtums besitzen mögen, hatten sie nie und können der Natur der Sache nach auch kein Evangelium der Macht haben.«[23]

Da ein Staat gegen feudalistische Fragmentierung nicht gebraucht wurde, war die Erfahrung Amerikas mit zentralisierender Staatsmacht gering. Der Glaube ans System bei Skepsis gegen die jeweiligen Machthaber und viele Institutionen wurde häufig als Charakteristikum der politischen Kultur Amerikas gewürdigt. Daß Amerika mit 80% Befragten, die sehr stolz auf ihre Nation, und weiteren 15%, die stolz auf ihre Nation sind (vgl. Tabelle 1), nicht in hypertrophen Nationalismus und Machtrausch verfallen ist, wird der distanzierten Haltung zu den jeweiligen Herrschenden, der kritischen Einstellung zu den Institutionen und der partizipatorischen politischen Kultur zugeschrieben. Negative Bilanzen zum Beleg der partizipatorischen Kultur – etwa in der Wahlbeteiligung, wo Amerika im Vergleich zu anderen Demokratien ganz unten rangiert (Tabelle 2) – wurden früher als Kunstprodukt institutioneller Umstände – wie der Registrationspflicht – heruntergespielt[24].

Inzwischen ist das bei abnehmender Wahlbeteiligung kaum noch glaubhaft, und die sozialen Gründe der Nichtpartizipation müssen stärker gewürdigt werden. Immer konnte Amerika sich über die niedrige Wahlbeteiligung damit trösten, daß es an anderen Indikatoren des konventionellen Verhaltens gemessen (»can-

Tabelle 1: Nationalstolz

	B	DK	D	F	IRL	I	L	NL	UK	GR	USA 1981	Japan 1981	Spanien 1981
April 1983													
Sehr stolz	24	39	17	36	52	40	51	34	57	76	80	30	49
Ziemlich stolz	44	39	39	39	34	44	37	44	35	16	15	32	34
Nicht sehr stolz	17	10	24	14	7	10	4	12	5	4	2	28	8
Überhaupt nicht stolz	4	2	9	5	3	4	2	4	2	2	1	3	4
Weiß nicht	11	10	11	6	4	2	6	6	1	2	2	7	5
Insgesamt	100	100	100	100	100	100	100	100	100	100	100	100	100

Quellen: 1983: Eurobarometer, No. 19, 1983, S. 54; 1981: International Study on Values 1981/82, Allensbach.

vassing«, Parteispenden, Leserbriefschreiben) vor allen anderen westlichen Demokratien rangierte. Problematisch bleibt, daß angesichts der Schwäche der Organisation der Partei diese kompensatorischen Aktivitäten nicht ohne weiteres mit der bürokratisierteren Partizipation von europäischen Bürgern in ihren Parteien vergleichbar ist.

Auch in späteren Analysen hatten die USA die geringeren Anteile an unpolitischen Bürgern, und Amerika hatte die positivsten Befunde bei vielen anderen Indikatoren. Daß die amerikanischen Partizipationsmuster jedoch am weitesten von einem System klar definierter Konfliktgruppen abrückten, wurde nicht mehr als Produkt einzigartiger Umstände der Geschichte oder der politischen Kultur zugeschrieben. Es wurde unterstellt, daß die USA einst der Fragmentierung Hollands oder Österreichs geähnelt hatten und daß die beiden Konkordanzdemokratien sich ebenfalls zu immer größerer Offenheit des Systems entwickeln würden[25].

Während die Trägergruppen neuer Formen politischen Verhaltens darin eine Verheißung sehen könnten, die zu mehr Gleichheit der Partizipation führen könnte, sind Verba und seine Mitarbeiter skeptisch gegenüber diesem Trend, der in Amerika begonnen hat: »Das Ergebnis kann jedoch eher weniger als mehr politische Gleichheit bedeuten.«[26] Vorerst ist dies allerdings noch eine Vermutung, die sich durch einen Vergleich der bisherigen Umfragestudien nicht hat bestätigen lassen[27].

Die Kontroverse zeigt aber, daß auch in der Partizipationsforschung die Einschätzung amerikanischer Entwicklungen zwischen zwei Polen hin- und her oszilliert. Einmal wird Amerika als atypischer Fall, ein andermal als Vorreiter aller postindustriellen Gesellschaften angesehen, der nur als erstes Land unvermeidbare Prozesse sozialen Wandels durchlief.

Die linke Kritik an der politischen Kultur- und Partizipationsforschung hat als Argument vielfach angeführt, daß den Grundbegriffen typisch amerikanische und eher quietistische Werte zugrunde lägen. Mit der Erforschung unkonventionellen Verhaltens ist dieses Manko beseitigt worden. Noch immer war Amerika die partizipatorische Kultur schlechthin, mit dem geringsten Anteil an Inaktiven (vgl. Tabelle 3 und 4). In einer internationalen Studie zeigte es sich als Spitzenreiter der neuen politischen Wendigkeit:

Tabelle 2: Wahlbeteiligung bei Parlamentswahlen (PA) und Präsidentschaftswahlen (PR) in den OECD-Ländern seit 1945

Land	Zahl der Wahlen	Wahlbeteiligung (in %) Mittelwert	Rangfolge der Mittelwerte	höchste		niedrigste		Variationskoeffizient[a]
I. Länder mit einer Form der allgemeinen Wahlpflicht[b]:								
Belgien (PA)	13	92,1	5	1977:	95,1	1981:	87,7	2,33
Griechenland (PA)[c]	12	78,6	18	1963:	83,0	1958:	72,0	4,70
Luxemburg (PA)[d]	9	90,7	6	1959:	92,3	1968:	88,5	1,58
Niederlande bis 1970 (PA)	7	94,7	2	1959:	95,6	1946:	93,1	0,99
Österreich (PR)[e]	7	95,2	1	1957:	97,2	1980:	91,6	1,99
Italien	9	92,4	4	1958:	93,8	1946:	89,1	1,75
II. Länder ohne allgemeine Wahlpflicht[f]:								
BRD (PA)	9	87,1	10	1972:	91,1	1949:	78,5	4,21
Dänemark (PA)	16	85,6	13	1969:	89,3	1953:	80,6	3,39
Finnland (PR)	6	73,3	24	1982:	86,6	1950:	63,8	12,58
(PA)	11	78,7	17	1962:	85,1	1975:	73,8	5,41
Frankreich (PR)[g]	4	81,4	14	1974:	87,8	1969:	69,1	10,26
(PA)[h]	12	78,7	17	1956/78:	82,7	1962:	68,8	5,54
Großbritannien (PA)	11	77,0	20	1950:	83,9	1970:	72,0	5,00
Irland (PA)[i]	12	74,2	23	1969:	76,9	1961:	69,9	3,07
Island (PR)	3	88,2	9	1968:	92,2	1952:	82,0	6,19
(PA)	12	90,1	7	1956:	92,1	1946/53:	87,4	1,68
Israel (PA)	10	81,1	15	1949:	86,9	1951:	75,1	4,36
Japan (PA)	15	72,8	25	1958:	77,0	1947/79:	68,0	3,98
Kanada (PA)	13	75,4	22	1958:	80,5	1953:	67,8	5,31
Niederlande (PA) insges.	12	90,0	8	1959:	95,6	1971:	78,5	7,08
Norwegen (PA)	10	81,1	15	1965:	85,4	1945:	76,4	3,49
Österreich (PA)	11	94,0	3	1949:	96,8	1970:	91,8	1,74
Portugal (PR)	2	79,9	16	1980:	84,2	1976:	75,5	7,70
(PA)[j]	4	86,7	11	1975:	91,7	1976:	83,3	4,36
Schweden (PA)	12	85,9	12	1976:	91,8	1958:	77,4	6,06
Schweiz (PA)	9	62,7	26	1947:	71,7	1979:	48,1	13,34
Spanien (PA)	3	75,5	21	1982:	79,5	1979:	68,0	8,64
Türkei (PA)	9	77,1	19	1950:	89,3	1969:	64,3	11,66
USA (PA)[k]	9	58,0	27	1960:	62,8	1948:	51,1	7,32
(PA)	19	46,8	28	1960:	58,5	1978:	35,1	16,10

Quelle: R. Sturm: Wahlbeteiligung. In: M. G. Schmidt (Hrsg.): Pipers Wörterbuch zur Politik. Bd. 2: Westliche Industriegesellschaften. München, Piper, 1983, S. 478.

Tabelle 3: Empirische Gewichtsverteilung zwischen verschiedenen Arten politischer Teilhabe

Politischer Stil	Nieder-lande	Groß-britannien	USA	BRD	Österreich
Politische Apathie	13%	23%	8%	16%	25%
Politische Zurückhaltung	5	7	5	11	10
Expressives politisches Handeln	29	32	22	19	18
Instrumentales politisches Handeln	53	38	65	54	47
Insgesamt	100	100	100	100	100
(N =)	(1136)	(1378)	(1605)	(2203)	(1264)

Quelle: Samuel H. Barnes / Max Kaase u. a.: Political Action. Beverly Hills, Sage, 1979, S. 528.

»So kann unsere Feststellung, daß Amerika eine wirklich partizipatorische Kultur darstellt, durch die Beobachtung differenziert werden, daß eine Verbindung von konventioneller und unkonventioneller politischer Teilnahme stattgefunden hat, und zwar in einem Ausmaß, das alle Sorgen im Hinblick auf den Status der innersystemischen Techniken direkter Aktion zerstreut.«[28] Im Klartext: Revolutionen werden trotz Anwachsens unkonventionellen Verhaltens immer unwahrscheinlicher.

Neu war, daß Amerika nicht mehr bei allen Indikatoren politischer Teilnahme den Spitzenreiter darstellte. Die Niederlande kamen im unkonventionellen Verhalten und in der Sensibilität gegen Sanktionen der Regierung bei Protestverhalten nicht nur an Amerika heran, sondern übertrafen die amerikanischen Werte sogar.

Obwohl der Fokus ein anderer war, harmoniert dieser Befund mit Ingleharts Feststellung, daß die USA in bezug auf den Anteil der Postmaterialisten erst hinter Belgien und den Niederlanden rangieren[29], da zwischen Postmaterialismus und konventionellem Verhalten gewisse Affinitäten bestehen. Das heißt allerdings nicht, daß alles unkonventionelle Verhalten postmateriellen Werthaltungen entspringt, wie anomische Partizipationsformen in wenig entwickelten Ländern zeigen.

Der wichtigste Wandel, der in der amerikanischen politischen Kultur seit der »civic-culture«-Studie festgestellt wurde, war ein

Tabelle 4: Eine restrukturierte Typologie des politischen Handlungsreservoirs: Arten politischen Handelns (in %)

	Niederlande	Großbritannien	USA	BRD	Österreich
Arten politischen Handelns					
Keine (Inaktive)	18	30	12	27	35
Nur konventionell (Reformisten)	11	15	18	13	19
Gemischt (Reformisten und Aktivisten)	39	33	50	33	27
Nur unkonventionell (Protestierer)	32	22	20	27	19
(N=)	(1144)	(1389)	(1613)	(2207)	(1265)
Mangel an Teilhabe an					
unkonventioneller Politik	9	23	9	18	21
konventioneller Politik	29	28	16	23	34

Niedergang des *Vertrauens in die politische Kultur und die politischen Institutionen*[30]. Es gibt zu wenig vergleichende Studien, welche die gleichen Fragen stellen und dieselben Skalen benutzen. Der einst gemessene Stolz auf die politischen Institutionen mit 85 % gegenüber 46 % in Großbritannien, 7 % in Deutschland und 3 % in Italien (vgl. Tabelle 5) ist offenbar geringer geworden. Vergleicht man in den 80er Jahren die Einstellung zu einzelnen Institutionen in den USA und in der Bundesrepublik, so fällt auf, daß die Universitäten und die Medien in Amerika höher rangieren (Tabelle 6). Deutschland kann das Verdikt, »legalistisch« statt »partizipatorisch« gesonnen zu sein, noch immer nicht ganz entkräften, wenn man die einsame Spitzenposition des Bundesverfassungsgerichts auf der Vertrauensskala betrachtet. Allzu viele Schlüsse können jedoch angesichts der anderen Zusammensetzung der Institutionen, die abgefragt, und der unterschiedlichen Skalen, die angewandt wurden, nicht gezogen werden.

Tabelle 5: Bezugspunkte des Nationalstolzes im internationalen Vergleich (in %)

Prozentanteil derjenigen, die sagen, daß sie stolz sind auf	USA	Groß-britannien	BRD	Italien	Mexiko
Politische und Regierungsinstitutionen	85	46	7	3	30
Sozialgesetzgebung	13	18	6	1	2
Internationales Ansehen ihres Landes	5	11	5	2	3
Wirtschaftssystem	23	10	33	3	24
Land und Leute	7	18	36	11	15
Geistige Werte und Religion	3	1	3	6	8
Beiträge zu Kunst und Kultur	1	6	11	16	9
Beiträge zur Wissenschaft	3	7	12	3	1
Landschaft	5	10	17	25	22
Nichts oder weiß nicht	4	10	15	27	16
Andere	9	11	3	21	14
Antworten insges. in %*	158	148	148	118	144
Antwortende insges. in %	100	100	100	100	100
Gesamtzahl der Fälle	970	963	955	995	1007

* Prozentzahlen übersteigen 100 wegen Mehrfachantworten

Quelle: Gabriel A. Almond/Sidney Verba: The Civic Culture. Princeton UP, 1963, S. 102.

Der gewichtigste Unterschied scheint jedoch zu sein, daß die Bevölkerung in Amerika auf Fehler der Institutionen rascher und durchgreifender als die in vielen europäischen Ländern reagiert. Die Kluft zwischen Missionsbewußtsein und Idealen einerseits und der politischen Realität andererseits ist daher einem periodischen Wandel unterworfen, der viele Prognosen über die Zukunft des Modells Amerika immer wieder in die Irre geleitet hat.

Tabelle 6: Vertrauen in wichtige Institutionen (1981)

	USA		BRD
	(hoch)	(mittel-hoch)	(hoch)
Supreme Court/Bundesverfassungsgericht	33	56	62
Militär	36	53	47
Congress	12	73	50
Kirchen	57	37	34
Universitäten	38	55	–2
Fernsehen	31	58	34

Quellen: S. M. Lipset/W. Schneider: The Confidence Gap. New York, Free Press, 1983, S. 60; Infas.

Anmerkungen

1 Philippe C. Schmitter: The Consolidation of Political Democracy in Southern Europe. Florence, EUI, 1985, S. 11.

2 Carlo Chimenti: Gli organi bicamerali nel parlamento italiano. Mailand, Comunità, 1979, S. 342 ff.

3 Briefe zitiert in: Harri Reinert: Vermittlungsausschuß und Conference Committees. Heidelberg, Winter, 1966, S. 111.

4 John D. Lees/Malcolm Shaw (eds.): Committees in Legislatures. A. Comparative Analysis. Durham, Duke UP, 1979, S. 390.

5 A. Lawrence Lowell: Essays on Government. Boston 1889, S. 63 ff.

6 American Political Science Association: Toward a More Responsible Two-Party System. New York, Rinehart, 1950. *Kritik*: E. M. Kirkpatrick: Toward a More Responsible Party System. Political Science, Policy Science, or Pseudo-Science. In: J. Fishel (ed.): Parties and Elections in Anti-Party Age. Bloomington, Indiana UP, 1978, S. 33–54; Austin Ranney: Toward a More Responsible Two-Party System. A Commentary, in: APSR, 1951, S. 488–499.

7 David Butler/D. Stokes: Political Change in Britain. New York, St. Martins, 1976, S. 24.

8 Samuel E. Finer: The Changing British Party System 1945–1979. Washington, AEI, 1980, S. 67 f.

9 Ivor Crewe: Party Identification. Theory and Political Change in Britain. In: Ian Budge u. a. (eds.): Party Identification and Beyond. London, Wiley, 1976 (33–61), S. 59.

10 Ivor Crewe et al.: Partisan Dealignment in Britain 1964–1974, in: BJPS, 1977 (129–190), S. 182 f.

11 W. Zolnhöfer: Parteiidentifizierung in der Bundesrepublik und in den Vereinigten Staaten. In: Erwin Scheuch, Rudolf Wildenmann (Hrsg.):

Zur Soziologie der Wahl, in: KZfSS Sonderheft 9, 1965 (126–168), S. 133.

12 Hans-Dieter Klingemann, Charles Taylor: Affektive Parteiorientierung, Kanzlerkandidaten und Issues. In: Max Kaase (Hrsg.): Wahlsoziologie heute, in: PVS, 1977, No. 2/3, (301–347), S. 307.

13 Vgl. Klaus von Beyme: Political Parties in Western Democracies. New York, St. Martins, 1985, S. 202ff.

14 Hans Kremendahl: Pluralismustheorie in Deutschland. Köln, Heggen, 1977, S. 220ff.; Winfried Steffani: Pluralistische Demokratie. Opladen, Leske, 1980, S. 36ff.

15 Joseph LaPalombara: The Utility and Limitations of Interest Group Theory in Non-American Field Situations, in: Journal of Politics, 1960, S. 29–49.

16 Vgl. Klaus von Beyme: Neo-corporatism. A New Nut in an Old Shell, in: IPSR, 1983, S. 173–196.

17 Vgl. Klaus von Beyme: Challenge to Power. Trade Unions and Industrial Relations in Capitalist Countries. Beverly Hills, Sage, 1980, S. 234ff.

18 Seymour Martin Lipset/William Schneider: The Confidence Gap. Business, Labor and Government in the Public Mind. New York, Free Press, 1983, S. 380.

19 Richard A. Lester: As Unions Mature. An Analysis of American Unionism. Princeton UP, 1958, S. 155.

20 Seymour M. Lipset: Radicalism or Reformism.: The Sources of Working Class Politics, in: APSR, 1983, S. 1–18; Alain Touraine et al.: Le mouvement ouvrier. Paris, Fayard, Bd. 2. Mouvements, 1984, S. 44.

21 J. David Edelstein/Malcolm Warner: Comparative Union Democracy. London, Allen & Unwin, 1975, S. 8.

22 Alan I. Abramowitz: The United States: Political Culture under Stress. Gabriel A. Almond/Sidney Verba (eds.): The Civic Culture Revisited. Boston, Little Brown, 1980 (177–211), S. 188.

23 Samuel P. Huntington: American Politics: The Promise of Disharmony. Cambridge/Mass., Belknap, 1981, S. 34.

24 Giuseppe DiPalma: Apathy and Participation. Mass Politics in Western Society. New York, Free Press, 1970, S. 35.

25 Sidney Verba u. a.: Participation and Political Equality. Cambridge UP, 1978, S. 308.

26 Verba, op. cit., S. 309.

27 Klaus R. Allerbeck: Politische Ungleichheit. Ein Acht-Nationen-Vergleich. Opladen, Westdeutscher Verlag, 1980, S. 82.

28 Samuel H. Barnes/Max Kaase u. a.: Political Action. Mass Participation in Five Western Democracies. Beverly Hills 1979, S. 170.

29 Ronald Inglehart: The Silent Revolution. Princeton UP, 1977, S. 38.

30 Abramowitz, op. cit., S. 189.

VI. Weltmachtrolle, Missionsgedanke und die Zukunft des amerikanischen Demokratiemodells

»Es ist Zeit für Amerika, wieder zu lernen, seine Träume von Unschuld und Überlegenheit zu vergessen und bescheiden genug zu werden, um zu akzeptieren, daß es Lektionen zu lernen gibt vom Rest der Welt und von den Fakten. Aber um dies zu tun, muß eine Nation erst einmal bereit sein, härter am Verständnis der eigenen Verhaltensweisen zu arbeiten.«
(Michel Crozier: The Trouble with America. Berkeley, 1984, S. 75)

Die amerikanische Revolution hat nur begrenzten Einfluß gehabt. Sie blieb in ihrer Zeit ein peripheres Ereignis, während die Französische Revolution die Ideologien der ganzen Welt prägte. Relativ früh kamen selbst Konservative zu dem möglicherweise falschen Ergebnis, daß in Amerika eigentlich keine wirkliche Revolution stattgefunden habe. Ein Grund für eine so wohlwollende Einschätzung der amerikanischen Umwälzung durch die Ordnungskräfte Europas war der Umstand, daß keine Bedrohung der traditionalen Ordnungen in Europa von diesem Modell ausgegangen ist. Die Expansion des Modells Amerika blieb auf die westliche Hemisphäre beschränkt. Die offizielle Doktrin Amerikas seit Monroe wurde überwiegend als defensiv und auf die eigene Welthalbkugel beschränkt gesehen, und man verband mit ihr keine Weltmission.

Aber schon früh wunderten sich die Europäer über einen Widerspruch: Einerseits hielten die Amerikaner ihre Institutionen für optimal und gottgewollt, andererseits blieben sie gerade deshalb skeptisch gegen Übertragungsversuche. Ein Transfer des Modells Amerika hätte die Einmaligkeit dieser Ordnung nur beeinträchtigen können. Lateinamerika zeigte zudem, daß die Übernahme der amerikanischen Institutionen nicht zur Entwicklung des Modells Amerika, sondern vielfach nur zu seiner Karikatur führte[1]. Nur gelegentlich ist im 19. Jahrhundert den Amerikanern ein Missionsgeist zugunsten ihrer Verfassungsordnung unterstellt worden, wie in dem monumentalen Werk von Holst über die amerikanische Demokratie: »Bis in diese frühe Zeit hinab lassen sich die ersten Anfänge zur Kanonisierung der Konstitution verfolgen. Man beginnt damit, sie als die bestmögliche Verfassung für die Vereinigten Staaten anzusehen, und nach und nach hält man sie immer mehr für eine allgemein gültige Musterverfassung.«[2]

Die Begeisterung der Amerikaner über ihre eigenen Institutionen hatte für viele skeptische Europäer etwas entwaffnend Naives: »Die Unabhängigkeitserklärung und die Verfassung legten die grundlegenden Prinzipien der Demokratie mit solcher Klarheit und Zielstrebigkeit dar, daß wir dicht dran waren, sie als amerikanische Erfindung anzusehen«, gestand ein amerikanischer Publizist. »Diese geheiligten Dokumente versehen uns mit Grundprinzipien, die dank ihres deistischen Hintergrundes gleichbedeutend mit der Schöpfung sind und weder hinterfragt noch überholt werden können. Daher haben wir uns um Grundprinzipien nicht weiter abzumühen, sie sind uns gegeben – ein für alle Male.«[3]

Das Produkt dieses konstitutionellen Schöpfungsglaubens ist »Amerikanismus« genannt worden, gekennzeichnet durch den Widerspruch eines Bewußtseins der Sonderrolle, gleichwohl verbunden mit einem universalistischen Anspruch. Politische Theorie entwickelte sich im Gegensatz zum Rest der Welt weitgehend als »Didaktik des Amerikanismus«. Auch als eine empirische Politikwissenschaft entstand, war sie zunächst von Burkescher Theoriefeindschaft gezeichnet. Sie war eine Lehre vom »American way of life«, mit bescheidenen Einsprengseln von Selbstkritik; keine weitreichende politische Theorie, sondern eher Methode und Technik für die Verbreitung eines vorgegebenen amerikanischen Liberalismus[4]. Dennoch schlug diese Selbstzufriedenheit kaum in missionarische Tätigkeit für die Verbreitung des Modells Amerika um.

Zur Entwicklung einer Missionsrolle gehört eine ausdifferenzierte Ideologieproduktion. Da es jedoch keine säkularen Schlachten zwischen Kapitalismus und Feudalismus und später zwischen Kapitalismus und Sozialismus wie in Europa gab, war der Bedarf an politischer Ideologie geringer. Politische Theorie war in Amerika mehr oder weniger eine Variation zum Thema »Demokratie«. Die Grundwerte des demokratischen Credos umfassen Formen und Techniken der Konfliktschlichtung, nicht inhaltliche metaphysische Glaubenssätze. Der Konsens ist prozedural, weniger inhaltlich orientiert. Parsons sprach geradezu von einem »instrumentalen Aktivismus«[5].

Zur europäischen Ideologiebildung gehörte Kritik oder Verteidigung von kirchlichen Doktrinen. In Amerika war die Religion niemals Herrschaftsmittel eines absolutistischen Herrschers gewesen, und sie war zersplittert in Hunderte von Sekten. Hier bestand keine Notwendigkeit, die Grenzen von religiösem und politischem Denken säuberlich zu ziehen. Der Puritanismus der amerikanischen Denominationen neigte zur Verwischung dieser Grenzen[6]. In dieser theoretischen Vagheit und religiösen Eingebundenheit blieb das demokratische Sendungsbewußtsein Amerikas zu diffus, um viele Proselyten machen zu können. Der Essentialismus der meisten europäischen Ideologien wurde vom amerikanischen Credo kaum angesprochen, sondern hielt dieses für eine Sammlung von Gemeinplätzen.

Je überzeugter amerikanische Theoretiker von der Güte amerikanischer Einrichtungen waren, um so weniger hielten sie sie für transplantierbar. Calhoun hat in der Zeit des mexikanischen Krieges bereits vor zuviel Missionsgeist gegenüber traditionaleren Gesellschaften gewarnt:

> »Tut mehr, um die Freiheit durch unser Beispiel in diesem Land und in der Welt im allgemeinen auszubreiten, als durch tausend Siege getan werden könnte«![7]

Es hat einige Sündenfälle des Imperialismus in der amerikanischen Geschichte gegeben, vor allem in den Philippinen, aber

Theodore Roosevelt war ehrlich genug, nach einigen Jahren militärischen Engagements amerikanischer Truppen auf den Philippinen die Annexion als einen Irrtum anzuerkennen. Der Krieg mit Spanien und die Übernahme seiner letzten Kolonien auf der westlichen Hemisphäre sind vielfach als Abkehr von der antiimperialistischen Tradition Amerikas gedeutet worden. Und selbst die wohlwollendste Deutung kann nicht umhin, in der amerikanischen Karibik-Politik seither einen Kompromiß zwischen der Ablehnung des europäischen Imperialismus und der Deklarierung eines Eigenrechts im Vorhof amerikanischen Territoriums zu erblicken[8], wobei die Monroe-Doktrin noch über ihre ohnehin expansiven Aspekte hinaus überdehnt wurde. Amerikanische Betrachter des russischen Imperialismus haben gelegentlich die Selbstgerechtigkeit der Sowjetunion kritisiert, die ein gutes Gewissen bei der Bewahrung alter kolonialer Eroberungen zeigt. Imperialismus scheint für die Sowjets mit der Vorstellung verbunden »you get there by sea« (Charles Bohlen). Ähnliches könnte man aber auch von den USA behaupten. Ihr Antiimperialismus wurde immer dann stark, wenn das Gebiet weit entfernt vom Kernland lag und nicht voll in die Union integrierbar schien. Imperialismus über See wurde auf die Dauer nur in den grenznahen Gewässern Amerikas akzeptiert.

Nach dem Zwischenspiel des Rückzugs in den Isolationismus nach dem Ersten Weltkrieg schien erst nach dem Zweiten Weltkrieg der Augenblick gekommen, den militärischen Sieg in einen politisch-institutionellen umzusetzen. Nur in Japan hat man dieser Versuchung nicht widerstanden. Auch damals waren die Widerstände gegen zuviel Oktroi beträchtlich, und Spezialisten wie Robert Ward für Japan oder Carl J. Friedrich für Deutschland ging die amerikanische Einmischung bei Schaffung einer demokratischen Ordnung nun entschieden zu weit (vgl. Kapitel I). Der aufkommende Gegensatz zur ideologisch doktrinären Sowjetunion stärkte die Versuchung, im eigenen Einflußbereich mit der ideologischen Bevormundung gleichzuziehen. Aber auch in diesem Moment überwogen die Warner, die dagegen waren, der sowjetischen Uniformität eine ideologische und institutionelle Uniformisierung der westlichen Welt entgegenzusetzen.

Da Amerika keine exportierbare Theorie hatte, glaubten viele, auch auf den Export politischer Institutionen verzichten zu sollen. Der soziologische Ansatz bei der Selbstanalyse – von dem in der Einleitung die Rede war – hat gleichfalls dazu beigetragen, den engen Institutionalismus europäischer Rezeptionswellen zu vermeiden und skeptisch gegen Verpflanzungen von Institutionen in einen anderen sozialen Boden zu bleiben.

Ein Paradoxon der Vorbildrolle Amerikas ist, daß die Modellwirkung um so schwächer wurde, je stärker das Land in seiner Weltmachtrolle geworden ist. Der demokratische Glaube harmonierte zunehmend weniger mit den Interessen eines imperialen Amerikas, das in der ganzen Welt den Status quo zu sichern bemüht war. Die Stärke Goliaths begann die Ideale Davids zu überlagern[9]. In diesem Dilemma wurden gewagte Parallelen zu Rom üblich. Wieder einmal war ein kleiner spartanisch lebender Agrarstaat in kurzer Zeit zum reichsten und mächtigsten Staat der Welt aufgestiegen. Toynbee sah die Parallele zwischen Rom und Amerika im Verlust der Rolle eines »Inspirators und Führers der Weltrevolution«:

> »Amerika ... steht nun für das, wofür einst Rom stand. Rom hat ständig die Reichen gegen die Armen in allen Bereichen, die unter seinen Einfluß fielen, unterstützt. ... Lafayette nimmt einen hohen psychologischen Preis in Kauf, wenn er sich in einen Metternich verwandelt.«[10]

Diese Zeilen wurden geschrieben, längst ehe Kissinger mit der Rolle eines »Metternich redivivus« kokettierte. Die Parallele implizierte, daß Amerika wie Rom allzu abrupt in ein weltweites Engagement hineingezogen wurde, das die eigenen Kräfte überforderte:

> »Wie Rom haben die Vereinigten Staaten – einmal involviert – es leichter gefunden, sich offene Feinde der Freiheit vom Leib zu halten als alle Alliierten und Freunde in zweideutige Situationen zu führen mit einer kontrollierenden Wirtschaft, die Respekt gebietet, ohne nicht mehr lösbare Risiken aufkommen zu lassen.«[11]

Amerika hatte nicht den Vorteil von engen föderativen Bindungen zu den abhängigen Verbündeten wie Rom. George Liska hoffte, daß die »amerikanischen konstitutionellen Modelle« sich als Äquivalent entpuppen könnten[12]. Immerhin zeigte die gewagte Parallele, daß es Dauerbündnisse gibt, sosehr das amerikanisch-europäische immer wieder gegen den Verdacht, unhistorisch zu sein, verteidigt werden mußte[13]. Solche historischen Parallelen verdecken jedoch, daß – gerade weil der amerikanische Einfluß lockerer war als bei vergangenen Imperien – solche Bündnisse vermutlich auch dauerhafter sein können, weil sie stärker vom Konsens der beteiligten Nationen getragen sind.

Radikale Kritiker der amerikanischen Vorbildrolle von links sehen nicht die konsensstiftende Seite der amerikanischen Weltpolitik, sondern nur die »prinzipielle Selbstgerechtigkeit«, das »Fehlen eines Unrechtsbewußtseins« und ein »politisches Blindheitssysndrom«. Die Belege dafür werden freilich weitgehend aus der weit weniger konsensorientierten Lateinamerika-Politik genommen. Die Ausdehnung Amerikas auf Kosten Spaniens, Frankreichs und Großbritanniens, die im 19. Jahrhundert ein ungesühnter Imperialismus blieb, hat nach dieser Ansicht ein asymmetrisches ethnozentrisches Geschichtsbild geschaffen, »das die Funktion ideologischer Rechtfertigung einseitiger Interessendurchsetzung hat«[14]. Im Vergleich zur Sowjetunion wird das zu relativieren sein. Dennoch bleibt das Dilemma, daß das Pathos für die Ausdehnung der Demokratie einerseits an höchst problematischen Stellen wie in Carters Menschenrechtskampagne gegenüber der Sowjetunion eingesetzt, andererseits jedoch gegenüber den verbündeten autoritären Regimen eine geradezu komplizenhafte Duldsamkeit an den Tag gelegt wird. War die Nachsicht gegenüber den Besiegten ein Positivum, so wurde sie entwertet durch eine ähnliche Nachsicht gegenüber Regimen von Spanien bis Südvietnam, die noch alle Merkmale der Besiegten von 1945 in ihrer inneren Ordnung trugen. Die Rückwirkungen solcher Kompromisse zwischen Idealen und Institutionen in der Außenpolitik sind vor allem in der Zeit des Vietnamkrieges überschätzt worden. Die innere Faschisierung Amerikas blieb aus. Die Fehlprognose wurde durch Postulierung eines spezifisch amerikanischen Faschismus jedoch im vorhinein gegen die Widerlegung immunisiert:

»Das Spezifische einer amerikanischen Version faschistischer Entwicklung dürfte vor allem darin liegen, daß tiefgreifende Strukturkrisen hier nicht oder nicht in nennenswertem Maße politisch organisierte Alternativbewegungen vorfinden, die eine ernstzunehmende Herausforderung für die herrschende Gesellschaftsschicht darstellen ... das Fehlen einer solchen alternativen Massenbewegung macht zwar offenen faschistischen Terror bzw. verfassungsbrechende Machtübernahmen objektiv überflüssig, oder doch wenigstens gänzlich unwahrscheinlich, es erleichtert aber andererseits den schleichenden Übergang zu systemimmanenten faschistoiden Methoden und Stabilisierungstechniken ...«[15]

Im Befund, daß in Amerika eine Opposition besteht, die stark in das amerikanische Credo eingebunden ist und daher keine grundsätzliche Systembedrohung erwarten läßt, sind linke und konservative Analytiker einig. Ein konservativer Betrachter wie Huntington geht sogar noch weiter: »Was extremistische Bewegungen zu einem Extrem treibt, ist nur die vorherrschende Grundstimmung der eigenen Gesellschaft«[16].

Die Schlüsse, die aus dem Befund gezogen werden, sind hingegen konträr. Gerade weil die Fundamentalopposition nur in dem Sinn »fundamental« ist, daß sie sich auf die »fundamentals« des demokratischen Credos beruft, kam es nicht zu einer schleichenden Faschisierung, sondern zu einer demokratischen Selbstreinigung des Systems. Weit seltener als in Europa wird der Gegner mit dem Ausruf diskreditiert: »Sie wollen eine andere Republik«! Da die amerikanischen Institutionen schwächer sind als die europäischen, sind sie für den Druck von unten empfindlicher als europäische Bürokratien. Es ist kaum vorstellbar, wie wenig sich in Frankreich änderte, trotz der turbulenten Studentenrevolution von 1968. In bürokratischen Systemen sind Reformmöglichkeiten kaum institutionalisiert, und sie entwickeln sich – wie in Frankreich – in revolutionsartigen Einbrüchen.

Angesichts solcher erstaunlicher Wandlungen eines relativ offenen politischen Systems ist auch das Amerikabild einem raschen Wandel unterworfen. Eine Weile schien es so, als ob eine Welle des weltweiten Anti-Amerikanismus das Modell Amerika für immer diskreditiert habe. Interpretationsmuster wie »Pentagonismus«, »Imperialismus« und »militärisch-industrieller Komplex« überschatteten das demokratische Modell, das Amerika einst repräsentierte. »Modell Amerika« wurde zu einem Negativmodell. Die wenigen konservativen Gegenstimmen schienen im Meer antiamerikanischer Äußerungen kaum noch hörbar zu sein.

Der Schein trog. Umgekehrt wie bei den Liberalen im 19. Jahrhundert wurde die Politik Amerikas abgelehnt. Das Modell der Gesellschaft hingegen behielt durchaus eine gewisse Gültigkeit. In Amerika selbst wurde vielfach mißverstanden, daß die Ablehnung der USA sich nur auf die Weltpolizistenrolle bezog. Umfragen in den Ländern der europäischen Gemeinschaft über die Vertrauenswürdigkeit anderer Völker zeigten, daß die Amerikaner in der Vertrauenswürdigkeit vor allen größeren Nationen Europas rangierten. Sie wurden nur von kleineren Völkern wie den Schweizern, Luxemburgern oder Holländern übertroffen, die seit Jahrhunderten keine ernsthaften Konflikte mehr ausgetragen haben und damit geeignet sind, »everybody's darling« zu bleiben (vgl. Tabelle 1). Die amerikanische Gesellschaft hat noch genügend Ausstrahlungskraft, um als Alternative zum eigenen Land zu dienen. Hatte Jefferson einst von Frankreich gesagt, jeder habe zwei Heimatländer, sein eigenes und Frankreich, so ist dies für die europäischen Eliten in bezug auf Amerika weit zutreffender, als es je für Frankreich gewesen ist. Gewiß, als Frankreich noch »Modell« war, sprach die Elite im Ausland französisch, aß französisch, kleidete sich französisch. Aber nur ein kleiner Teil der Elite war dort wie zu Hause. Amerika als offene Gesellschaft hat kulturellen und wirtschaftlichen Eliten wie kein Modell-Land je zuvor die Möglichkeit eröffnet, periodisch »Amerikaner auf Zeit« zu sein. Die »atlantische Oligarchie«, die Servan-Schreiber voraussagte[17], ist allerdings daraus noch nicht entstanden. Dazu sind die Elitenrekrutierungsmuster und Führungsstile der europäischen Eliten noch zu verschieden.

Die Kritik an der amerikanischen Politik in Teilen der europäischen Jugend kann nicht pauschal als Anti-Amerikanismus gewertet werden, weil sie durchaus mit Bewunderung für die amerikanische Lebensweise vereinbar ist. In Deutschland, wo seit der Studentenrevolte und dem grünen Protest von vielen Amerika-

Tabelle 1: Vertrauen in andere Völker (Durchschnittszahlen aus den Antworten der Befragten in EG-Ländern)

	sehr vertrauenswürdig	ziemlich vertrauenswürdig	nicht besonders vertrauenswürdig	nicht vertrauenswürdig	weiß nicht	Insges.	Vertrauensindex
	%	%	%	%	%	%	
Amerikaner	24	43	16	8	9	100	0,47
Belgier	15	46	13	4	22	100	0,54
Briten	13	46	22	9	10	100	0,29
Bundesbürger	18	42	17	12	11	100	0,32
Chinesen	13	19	12	27	29	100	–0,23
Dänen	17	41	10	4	28	100	0,62
Franzosen	14	39	23	13	11	100	0,17
Griechen	6	32	24	11	27	100	–0,02
Iren	10	35	19	10	26	100	0,17
Italiener	5	32	31	18	14	100	–0,23
Japaner	15	33	19	14	19	100	0,15
Luxemburger	15	41	11	4	29	100	0,59
Niederländer	19	43	11	5	22	100	0,58
Portugiesen	5	28	25	12	30	100	–0,11
Russen	4	16	23	41	16	100	–0,61
Schweizer	30	41	9	5	15	100	0,68
Spanier	7	34	29	13	17	100	–0,07

Quelle: Euro-Barometer 14, einschließlich Griechenland.

nern ein »undankbarer« und leichtsinniger Anti-Amerikanismus geargwöhnt wird, haben gerade junge Menschen, die gefragt wurden, welche Nation sie wählen würden, wenn sie nicht Deutsche wären, in einer Weise geantwortet, wie es der nationalistische Durchschnittsamerikaner ohnehin erwarten würde: Die meisten wollten in einem solchen Fall US-Bürger sein. Umgekehrt blieb auch die Mehrzahl der Amerikaner stark auf Europa bezogen, auch wenn sie es als zerstritten und verteidigungsunfähig ansahen. Auf dem Höhepunkt der eurokommunistischen Welle in Europa, die als fünfte Kolonne Moskaus vielfach mißgedeutet wurde, haben 49% der Amerikaner für den Fall einer kommunistischen Machtübernahme wirtschaftlichen und politischen Druck, und 22% sogar bewaffnete Intervention Amerikas befürwortet[18].

Eine differenzierte Würdigung des Images, das Amerika bei den Linken entwickelte, würde eher von A-Amerikanismus als von Anti-Amerikanismus sprechen. Die Linksintelligenz beschäftigte sich eine Zeitlang nicht mehr wirklich mit Amerika. Andere gelobte Länder zogen die Aufmerksamkeit an. Vor dem Zweiten Weltkrieg war dies vielfach die Sowjetunion, später schienen Kuba und China attraktiver[19]. Für die radikalsten maoistischen Sekten blieb am Schluß nur noch das kleine Albanien übrig, weil sonst überall der reale Sozialismus vom »Revisionismus« ausgehöhlt zu sein schien. Einen bescheideneren Revolutionstourismus lösten Portugal Mitte der 70er und Nicaragua Anfang der 80er Jahre aus. Aber die politischen Pilger zeigten zunehmend nicht weniger Ernüchterungserscheinungen als die einstigen Amerika-Fans. Sie unterstützten das Land ihrer Wahl kaum noch in der Hoffnung, ein Modell für das eigene Land zu finden. Die Langeweile im Neckartal wirkte motivierender als die utopischen Hoffnungen, die die Kommunen im Tejo-Tal auslösten. Man konnte seine Solidarität demonstrieren, ohne einen »Spanischen Bürgerkrieg« mitzumachen, wie es die politischen Pilger der Linken zu Tausenden vor dem Zweiten Weltkrieg getan hatten. Selbst innerhalb des marxistischen Denkens wurde die linke Intelligenz zunehmend kritischer gegenüber der Vorstellung, daß man ein fertiges Modell des Sozialismus in der Realität finden könne. Die Ausdifferenzierung des neomarxistischen Denkens hat das Verdikt über das Modell Amerika zudem gemildert.

Selbst wo der Anti-Amerikanismus verbal voll erhalten blieb, darf man ihn in seiner Tragweite nicht überschätzen. Es gibt einen Anti-Amerikanismus in der Politik, der sich mit einer weitgehenden Übernahme des amerikanischen »way of life« verbindet – eine Kombination, wie sie in den ironischen Versen belächelt wurde[20]:

»In Farmerhose
saß er und schimpfte
auf die Amerikaner.
Im Hintergrund
röhrte Rock-and-Roll.
Ich sagte: Nimm
den Kaugummi

aus dem Mund,
dann versteht man
Dich besser.
Er sagte ›okay‹!«

Die distanziertere Einschätzung Amerikas ist kein einmaliges Phänomen gewesen. Neu war jedoch, wie rasch das Modell Amerika wieder aus der Defensive kam. Ein weiterer Umstand war dabei hilfreich. Erstmals hatte Amerika nach Abebben der neomarxistischen Wellen eine Ideologie anzubieten, den Neokonservatismus. Bis dahin waren staatsinterventionistische Lehren seit dem New Deal von Europa nach Amerika getragen worden. Die Gegenbewegung einer Entstaatlichung schien erstmals amerikanischen Ideologien zum Durchbruch zu verhelfen. Ein Exponent der gemäßigten Linken wie Jürgen Habermas sorgte sich um die positiven Seiten der Amerika-Rezeption:

> »Die politische Kultur der Bundesrepublik stünde heute schlechter da, wenn sie nicht in den ersten Jahrzehnten nach dem Kriege Anregungen aus der politischen Kultur Amerikas aufgenommen und verarbeitet hätte. Die Bundesrepublik hat sich dem Westen zum ersten Mal vorbehaltlos geöffnet; wir haben uns damals die politische Theorie der Aufklärung angeeignet; wir haben die mentalitätsprägende Kraft des zunächst von religiösen Sekten getragenen Pluralismus begriffen, den radikaldemokratischen Geist des amerikanischen Pragmatismus von Pierce bis Mead und Dewey kennengelernt.«[21]

Trotz der amerikanischen Einflüsse befürchtete der Frankfurter Philosoph die Gefahr eines Rückfalls in »Träumereien« über einen besonderen »deutschen Weg«, bei dem von der Demokratie nicht viel mehr als der Rechtsstaat übrigbliebe. Mir scheint eher das Gegenteil bemerkenswert: Der deutsche Neukonservatismus konnte deshalb soviel vom amerikanischen lernen – und sich der intellektuell starken *nouvelle droite* Frankreichs verschließen, die alten Weimarer Traditionen näher stand –, weil auch der Neokonservatismus sich stark modernisierte und »amerikanisierte«. Er wurde technokratisch und gab den alten Organizismus und Irrationalismus auf. Die populistische Mobilisierungsneigung einiger Neokonservativer war vielen Altkonservativen ein Dorn im Auge[22]. Der Einfluß des amerikanischen Neokonservatismus mit seiner antiwohlfahrtsstaatlichen Komponente bleibt in Ländern, in denen eine christdemokratische Partei die stärkste Kraft des bürgerlichen Lagers ist, dennoch begrenzt. Nicht alles, was aus Amerika nach der »Tendenzwende« an Ideen übernommen wurde, kann als einheitliche neokonservative Theorie ausgegeben werden. Eine einheitliche Theorie des Neokonservatismus ist auch in Europa aus dem pragmatisch-eklektischen Gedankengut, das aus Amerika kam, nicht geworden. Die Ausbreitungsfähigkeit des Neokonservatismus amerikanischer Prägung wird gelegentlich übertrieben. Seit der Sozialdemokratismus und der Reformliberalismus in die Defensive geraten sind, hat der Neokonservatismus nicht mehr genügend Feinderlebnisse und sich ideologisch gleichsam zu Tode gesiegt[23].

Mit dem Wachsen der Friedensbewegung in Europa kam es zu neuen Formen des Anti-Amerikanismus, die heute das Amerikabild negativ beeinflussen. Für Amerika erweist es sich gerade als Nachteil, daß die unorthodoxe Linke die Sowjetunion nicht mehr für eine ernstzunehmende Gefahr hält. Als je unflexibler die sowjetische Haltung wahrgenommen wird, als desto unerträglicher empfindet man die amerikanische Dominanz in Westeuropa. Der Begriff der »Finnlandisierung« wird nun auf Amerika im Verhältnis zu seinen Verbündeten angewandt[24]. Die Illusion eines symmetrischen Hegemonialverhältnisses breitet sich aus: Um Osteuropa zu entsowjetisieren, muß Westeuropa entamerikanisiert werden. Damit ist gelegentlich nicht nur der Abbau amerikanischer Vormacht gemeint, sondern auch die psychische Entamerikanisierung. Der Psychologe Horst Eberhard Richter sagte 1985 vor einem Friedenskongreß der »Internationalen Ärzte für die Verhütung des Atomkrieges« von den Deutschen: »Wir sind die geistigen Halbamerikaner geblieben, die wir nach 1945 geworden sind.« Jürgen Habermas spitzte die These in einem Interview zu: »Die Bundesrepublik ist so sehr zum 52. US-Bundesstaat geworden, daß uns nur noch das Wahlrecht fehlt.«[25] Konservative hingegen sehen den Frieden nicht durch geistige Distanz zu Amerika, sondern durch geistige Distanz zur Sowjetunion gesichert: »Pragmatische Kriegsvermeidungsräson erscheint um so aussichtsreicher, je weniger sie von schwärmerischen Aktivitäten ideologischer Brückenschläger belastet wird.«[26] Unglücklicherweise ist diese Sichtweise fundiert. Konservative Regierungen haben sich im Umgang mit Moskau oft leichter getan als liberale Regierungen[27]. Blauäugiger Goodwill ist vielfach von der Gegenseite nicht honoriert worden.

Linke und alternative Entamerikanisierungsträume richten ihre Kritik vor allem gegen militärische und wirtschaftliche Dominanz Amerikas. Es gab jedoch eine Strömung kritischer Theorie im Geist der alten Frankfurter Schule und Marcuses, die Amerika als Inkarnation aller Technisierung, Bürokratisierung und Kolonialisierung der Lebenswelt wertet. Im Vergleich zur zweiten Supermacht wird in dieser Sichtweise vor allem eine negative Konvergenz auf dem Boden einer technokratischen Gesellschaft festgestellt. Die moderne Kulturkritik von links beginnt sich mit der alten Kulturkritik von rechts bei Spengler und Keyserling zu berühren.

Europa hat sich über den Verlust der Weltmachtpositionen nach dem Zweiten Weltkrieg noch mit dem »Athen-Komplex« hinwegtrösten können. Wie die Athener gegenüber dem mächtigeren Rom fühlte man sich als Hort der eigentlichen Kultur. Gerade im kulturellen Bereich ist jedoch die Parallele zwischen Rom und Amerika besonders schief: Rom hatte keine Überlegenheit in Wissenschaft und Technologie, wie sie Amerika inzwischen erlangt hat[28]. Die kulturelle Hegemonie wird vielfach in der Kritik von links und von rechts zur Zielscheibe. Dabei wird häufig von der Armut an »höherer Kultur« in Amerika ausgegangen, als ob man es noch mit den Hill-Billies zu tun habe, die ein konservativer Aristokrat wie Chateaubriand herablassend entschuldigt hatte: »Ehe man denkt, muß man leben.« Diese Herablassung ist nicht ausgestorben. Ein deutscher Kunsthistoriker verstieg sich unlängst zu der Behauptung, daß der starke amerikanische Tourismus in Europa aus Entfremdung von der eigenen Unkultur zu deuten sei:

> »Ganz bezeichnend ist in diesem Zusammenhang, daß unsere großen Städte immer amerikanischer werden, die Amerikaner aber in unsere kleineren, noch relativ intakten Städte strömen, weil sie sich hier noch relativ wohl und animiert fühlen: in Ve-

nedig, Salzburg, Innsbruck, München, Luzern oder Florenz wird man in der Hauptsaison geradezu von Yankees umgerannt. Kunst- und Kulturbedürfnis wird dies allein nicht sein. Es ist das Unbehagen mit der Welt, die sie sich selbst geschaffen haben und die sie in geradezu tragischer Verblendung noch immer für die beste aller Welten halten. In tiefster Seele gefällt ihnen nämlich ihre Surrogatewelt überhaupt nicht, weil letztlich nichts als Aufsehenerregen und tiefste Hohlheit, überspielt durch pharisäerhafte Phraseologie, dahintersteckt. Und das ist zu wenig, um es anderen Völkern als Welt-Leitbild präsentieren zu können.«[29]

Wenn die These richtig wäre, fiele das Argument gerade auf die Deutschen zurück: Warum liegen sie pro Kopf der Bevölkerung noch über den Amerikanern im Welttourismus? Nur Kunst- und Kulturbedürfnis?

So kraß sind antiamerikanische Topoi in einem Satz selten zusammengestellt worden. Unter Kennern der internationalen Kultur hatte es sich herumgesprochen, daß Amerika eine reiche Literatur besitzt. Daß die Führungsrolle in den bildenden Künsten und in der Musik zunehmend auf Amerika überging, ist weniger bemerkt worden. Manchmal ist dies auch in Abrede gestellt worden wie von dem oben zitierten Autor, der die »einzige bauliche Sonderleistung in diesem Völkerschmelztiegel« seit der Schule von Chicago im Niedergang begriffen sieht und die Bauhaus-Emigranten in Amerika in ihrer Schöpferkraft verkümmern sah. In der Regel wird die kulturelle Hegemonie auf den Bereich einer als zweitrangig hingestellten Unterhaltungskultur beschränkt gesehen. Auf diesem Feld liegt zweifellos der spektakulärste Zug der kulturellen Weltgeltung der USA. Sie macht nicht einmal vor den Grenzen des Sowjetimperiums halt, das in seiner Eigendarstellung eine grenzenlos überlegene »sozialistische Lebensweise« entwikkelt, de facto aber immer stärker von westlich-amerikanischen Mustern der Jugendkultur durchdrungen wird. Die sowjetische Führung perzipiert dies noch weitgehend als »abweichendes Verhalten« und belegt es bezeichnenderweise mit einem angelsächsischen Ausdruck: Hooliganismus (Chuliganstvo).

Wenn der Stern des amerikanischen Demokratiemodells etwas verblaßt ist, so sind doch Gesellschaft, Wirtschaft und Technik

Amerikas weit einflußreicher, als es die Warner des 19. Jahrhunderts seit Tocqueville vorausahnen konnten. Aber die Prioritäten haben gewechselt. Wurden damals die politischen Institutionen gelobt und die gesellschaftlichen Entwicklungen abgelehnt, so ist es heute vielfach umgekehrt.

Eine Fülle von Depravationstheorien, die einen Niedergang der amerikanischen Demokratie prophezeien, werden angeboten, nicht zuletzt von amerikanischen Autoren selbst. Zum Glück sind die Krisenseher untereinander nicht einig. Am stärksten fällt dies bei den Beiträgen der trilateralen Kommission über »The Crisis of Democracy« aus, ein Buch, das sehr einflußreich bei der Verbreitung der These von der Unregierbarkeit moderner Demokratien gewesen ist. Huntington fürchtete in seinem Kapitel über die USA, daß die Demokratie durch sich selbst in Gefahr geraten könnte:

> »Die Demokratie ist für sich selbst eine größere Bedrohung in den Vereinigten Staaten als in Europa oder Japan, wo noch residuale Erbschaften traditionaler und aristokratischer Werte fortleben.«[30]

Obwohl die Autoren Gelegenheit hatten, ihre Prognosen ein wenig aufeinander abzustimmen, kam Crozier für Europa zum gegenteiligen Schluß: Der rasche soziale Wandel baut die traditionalen Mittel der sozialen Kontrolle ab und gefährdet gerade dadurch die Demokratie:

> »Und darin ist Europa sehr viel verwundbarer als sowohl die Vereinigten Staaten als auch Japan.«[31]

Beide Autoren sind nur einig in einer euphorischen Einschätzung der Zukunftsmöglichkeiten Japans, obwohl diese gerade im Lichte der Aushöhlung traditionaler Werte und Verhaltensmuster von Japankennern eher wieder relativiert werden. Dies Beispiel zeigt jedoch, daß auch die moderne wissenschaftliche Rationalität nicht völlig ohne kulturpessimistische Mythen und gelobte Länder in der Ferne auskommt. In manchem sind die Globalanalysen über Tocqueville nicht hinausgekommen.

Kaum ein Modell-Land hat zu so vielen Fehlprognosen Anlaß gegeben wie Amerika, und Huntington hat einige Jahre später eine optimistischere Deutung amerikanischer Möglichkeiten nachgereicht. Der Niedergang des Vertrauens in Führung und Institutionen – einst als gefährliches Krisenzeichen gewertet – wird nun gerade zur Stärke Amerikas erklärt. Die Spannung im *IvI gap* – Ideale gegen Institutionen – erscheint fruchtbar. Die Renaissancen des amerikanischen demokratischen Credos tragen periodisch durch Revolte gegen die bestehenden Formen der Machtausübung zu ihrer Läuterung bei. Die Legitimität der amerikanischen Regierung wird nun umgekehrt proportional zum Glauben an die amerikanischen Ideale gesehen[32].

Hat Amerika im Bereich der Regenerationsfähigkeit noch seine alte Sonderrolle? Von Einflüssen des amerikanischen Modells auf Europa kann in diesem Bereich kaum gesprochen werden. Aber es hat den Anschein, als ob sich in allen westlichen Demokratien nach Abbau der Belastungen durch die Relikte älterer ständischer Gesellschaften und Versäulungen der Fragmente der Gesellschaft ähnliche Selbstreinigungsmechanismen entwickeln. Die neuen sozialen Bewegungen als die größte Herausforderung westlicher Demokratien verkörpern heute weit mehr als alle älteren Bewegungen und Parteien, die sie hervorbrachten, das Bekenntnis zum Grundkonsens, wobei sie die demokratischen Ideale nur radikaler vertreten als das lax gewordene Establishment. Noch immer ist es üblich, dem Gegner vorzuwerfen, er wolle eine »andere Republik«, aber solche Vorwürfe werden im ganzen immer weniger glaubwürdig. Alle westlichen Demokratien entwickeln die Fähigkeit, die Amerika schon immer in stärkerem Maße besaß, Fundamentalopposition ins System zu reintegrieren.

Die Sonderrolle Amerikas bleibt jedoch in der Außenpolitik erhalten, und hier ist es fragwürdig, ob ähnlich heilsame Mechanismen die Kluft zwischen Idealen und Institutionen immer wieder überbrücken. Welche Institutionen können die Ideale in der Weltpolitik regenerieren, und sind nicht gerade die amerikanischen Ideale in der Außenpolitik immer wieder eine Störungsquelle? Kein Land der Geschichte ist von seinen Erfolgen bisher so verwöhnt worden wie Amerika. Kein Land hat für seine Irrtümer so wenig büßen müssen, weil kein Land Amerika auf seiner

Hemisphäre bisher ernstlich bedrohen konnte. Diese historischen Erfahrungen und speziell amerikanischen kulturell-religiösen Traditionen, die auf schnelle Erfolge und rasche Belohnungen geeicht sind – ob man sie vom Markt, von der Politik oder von Gott erwartet[33] –, stärken gewisse Züge dieser Selbstgerechtigkeit, die gerade die Ideale zur Gefahr werden lassen können. Einige Soziologen beginnen zu zweifeln, ob Amerika die Lernfähigkeit besitzt, zu der Frankreich, Italien, Deutschland oder Japan durch ihre Niederlagen gezwungen worden sind.

Die Prozesse der fundamentalistischen Wertrevolte, die in der Innenpolitik die Regeneration periodisch zu garantieren scheinen, haben kein Äquivalent in der Weltpolitik. Institutionen im Weltmaßstab haben abnehmende Bedeutung, seit Amerika sich der UNO und ihren Unterorganisationen zunehmend entzieht. Einst waren die Vereinten Nationen das Lieblingskind von Roosevelts Konzeptionen für eine neue Weltordnung. Heute sind sie allenfalls noch ein Kind, das als Pflegekind weggegeben wurde und für das man nur noch aus Anstand Unterhalt zahlt. Institutionen in der westlichen Welt müssen teils geschaffen, teils mit dem Geist symmetrischer Kooperation gefüllt werden, seit die hegemoniale Position der USA im Niedergang begriffen ist. Wurde in der Zeit des Vietnamkrieges der amerikanische Aufstieg als ein bewußter zielstrebiger imperialistischer Prozeß den alten Thesen von der »Weltmacht wider Willen« entgegengesetzt, wird heute in der Theorie der internationalen Beziehungen eher der Niedergang der Hegemonie Amerikas diskutiert. Hegemonie erscheint als Produkt eines großen Krieges und ist in längeren Friedenszeiten nicht aufrechtzuerhalten[34]. Gefahren werden nicht von zu viel Hegemonie, sondern eher in der Erosion der Hegemonie gewittert[35]. Die latente Sehnsucht einiger amerikanischer Theoretiker und Akteure »zurück zur Hegemonie« wird von besonnenen Analytikern wie Robert Keohane durch die Forderung nach nicht-hegemonischer Kooperation und Entwicklung multilateraler Institutionen ersetzt[36].

Eine optimistischere Deutung der Weltgeltung Amerikas wurde möglich, seit das Denken vornehmlich in Strukturen militärischer Macht von Staaten, die in einer Art Billard-Kugel-Modell einander nur äußerlich berühren, überwunden worden ist.

Die Interdependenztheorie, wie sie in Amerika entwickelt wurde, sieht die Welt dagegen als asymmetrisches Raster von Interaktionen und gegenseitigen Abhängigkeiten. Auch früher hegemoniale Staaten wie Amerika offenbaren Empfindlichkeit (z. B. durch den Ölpreisschock 1973) und Verwundbarkeit (z. B. durch Protest wie in der Anti-Vietnam-Bewegung Amerikas). Soziale Ansteckungseffekte, wachsende transnationale Kommunikation können frühere Hegemonie ebenso empfindlich machen wie politische und ökonomische Interdependenzen. Dieser Ansatz sieht weniger den einseitigen Niedergang der Macht Amerikas als den Niedergang der Hierarchie als Wandel im Weltsystem[37]. Wenn diese Sichtweise richtig ist, hat Amerika nicht ganz so schlechte Karten, wie häufig in Europa unterstellt wird.

Prima vista scheint eine Entfremdung im westlichen System fortzuschreiten. Man hat in Europa, und vor allem in Deutschland eine Nachfolgegeneration festzustellen versucht, die neutralistische und antiamerikanische Tendenzen in Richtung einer Bevorzugung der gleichen Distanz zu den beiden Weltmächten wittert[38]. Voreilige Kritiker jenseits des Atlantiks reagieren mit der Drohung des »Liebesentzugs« und der Verlagerung der amerikanischen Aufmerksamkeit auf die pazifische Hemisphäre. Kritik an der neuen europäischen Unübersichtlichkeit und Unberechenbarkeit wird von europäischen Beobachtern mit Appellen an eine klarere Führungsrolle beantwortet. Amerikanische Wechselbäder – heute der Aufruf zum Embargo gegenüber der Sowjetunion, morgen profitable Getreideverkäufe an Moskau – werden kritisiert[39].

Auch amerikanophile Betrachter der Außenpolitik Amerikas verlangen »mehr politische Konstanz«[40]. Wichtiger als normative Appelle, die ebenfalls ihre Berechtigung haben, ist jedoch, die Folgerung aus der Ist-Analyse des Wandels im Weltsystem und des Niedergangs hegemonialer Macht zu ziehen. Positiv für die Wirkungen des Modells Amerika schlägt zu Buche, daß wirtschaftliche, kulturelle und kommunikative Prozesse an Bedeutung gewinnen. Auch der Anti-Amerikanismus ist noch zu sehr auf die militärischen Gleichgewichtsbemühungen fixiert. Die manchmal etwas abstrakte Debatte um zeitgemäße Formen der Hegemonie – oder um niemanden zu verletzen, wird nur von »internationaler Führerschaft« gesprochen – kalkuliert zu wenig ein, daß auch die sowjetische Hegemonie in ihrem Block von verspäteten, aber möglicherweise dauerhafter wirksamen Erosionstendenzen bedroht ist. Hauptgefahr ist dabei, daß die Sowjetunion aus ideologischen Gründen weniger geneigt ist als Amerika, einen partiellen Machtverfall zu akzeptieren, und vom Glauben an die Ausdehnung des sozialistischen Weltlagers zu Experimenten in den weniger machtstrukturierten Einflußzonen der Dritten Welt verleitet wird, durch die es zur Konfrontation mit Amerika kommen kann. Bisher haben die Sowjets jedoch jede direkte Konfrontation vermieden und den Sieg eher auf den ideologischen Klassenkampf gesetzt. Aber gerade in diesem Bereich ist die Vorbildrolle Amerikas zwar ebenfalls stark verwundbar, hat sich aber immer wieder so weit regeneriert, daß die Attraktivität des sowjetischen Modells in höher entwickelten demokratischen Systemen stark reduziert ist. Selbst die Sowjetunion wird in den Sog der Interdependenzen hineingezogen. Die KSZE-Konferenz schien zunächst ihr Sieg zu sein, aber ehe sie sich's versah, war sie vom Podest des Anklägers in den Nachfolgekonferenzen zunehmend auf die Anklagebank für Menschenrechtsverletzungen geraten.

Der Appell an die Vormacht Amerika, ihre Führungsrolle berechenbar wahrzunehmen, kann heute die andere Supermacht kaum mehr ausklammern. Der relative Machtverlust der Supermacht Amerika ist für ihren Einflußbereich nur zu tolerieren, wenn er mit einem symmetrischen Machtabbau der Sowjetunion in deren Machtbereich einhergeht und das Bild der wechselseitigen Bedrohung in beiden Supermächten leidlich symmetrisch angelegt ist. Davon sind wir jedoch noch ein Stück entfernt. So sehr auch die »Arroganz der Macht« Amerikas immer wieder angeprangert wurde, im Vergleich mit der Sowjetunion hat sich die amerikanische Elite stärker als fähig erwiesen, die Gegenseite realistisch oder gar empathisch einzuschätzen. Die Selbstgerechtigkeit und der ideologische Dogmatismus sind auf der sowjetischen Seite noch größer. Wenn eine empirische Untersuchung das Verhältnis der Nichtübereinstimmung von Eigen- und Gegenimage zwischen den Supermächten 11:4 zugunsten der USA einschätzt[41], ist einschränkend zu sagen, daß solche Imageanalysen weitgehend auf verbales Verhalten gegründet sind, und dieses weicht in der Sowjetunion stärker vom tatsächlichen Verhalten ab als in Amerika.

Die seit dem frühen 19. Jahrhundert einsetzenden Vergleiche der beiden Landriesen USA und Rußland führen bei weiterer innerer Annäherung jedoch auch zu Alpträumen unter einigen Europäern. Paul Watzlawick beschloß seine Vision ganz zunftwidrig zu verdrängen:

> »Was nämlich, wenn die beiden Riesen, zwischen denen Europa sein impotentes Leben fristet, sich eines Tages ihrer Ähnlichkeit bewußt werden, zum Beispiel ihres Hin- und Hergerissenseins zwischen brutalem Großmachtdenken und fadenscheinigen ethischen oder ideologischen Verbrämungen? Doch dieser Alptraum paßt nicht in den Rahmen eines Reisebreviers, und wir wollen ihn daher ins Unbewußte zurückstoßen.«[42]

Wer weniger an voreilige Konvergenztheorien glaubt, der wird eher geneigt sein zu hoffen, daß die amerikanische Fähigkeit, selbstgerechte Machtausnutzung durch Rekurs auf die amerikanischen Ideale abzubauen, stärkere Einwirkungen von der Innenpolitik auf die Außenpolitik zeigt. Dies ist wahrscheinlich nur für den Fall, daß der Machtverfall der USA nicht zu drastische Formen annimmt. Die Ersetzung der Hegemonie durch symmetrischere Kooperation hingegen wäre der Vorbildrolle des Modells Amerika sicher nicht abträglich. Die Untersuchung hat gezeigt, daß seine Vorbildrolle am gesichertsten in solchen Epochen war, in denen Amerika weder zu schwach noch zu mächtig gewesen ist.

Anmerkungen

1 Robert Wesson: Democracy in Latin America. Promise and Problems. New York, Praeger, 1982, S. 83ff.

2 H. von Holst: Verfassung und Demokratie der Vereinigten Staaten von Amerika. Düsseldorf, Buddeus, 1873, Bd. 1, S. 57.

3 Bradford Smith: The American Character. Institute for International Educations. In: New Bulletin, 1958, Nr. 1 (58–67), S. 66f.; Jürgen Geb-

hardt: Die Krise des Amerikanismus. Stuttgart, Klett, 1976, S. 224, S. 271; Bernard Crick: The American Science of Politics. Berkeley, University of California Press, 1967, S. 8.

4 Knud Krakau: Missionsbewußtsein und Völkerrechtsdoktrin in den Vereinigten Staaten von Amerika. Frankfurt, Metzner, 1967, S. 23ff.

5 Talcott Parsons: Authority, Legitimation and Political Action. In: Carl J. Friedrich (Hrsg.): Authority. Cambridge/Mass., Harvard UP, 1958 (197–221) S. 199.

6 Daniel J. Boorstin: The Genius of American Politics. Chicago UP, 1956, S. 134.

7 John C. Calhoun: Works. Ed. Richard K. Crall, New York, 1888, Bd. 4, S. 416.

8 Raymond Aron: Die imperiale Republik. Stuttgart, Belser, 1975, S. 38ff.

9 Robert A. Isaak: American Democracy and World Power. New York, St. Martin's Press, 1977, S. 189.

10 Arnold Toynbee: America and the World Revolution. London, Oxford UP, 1962, S. 16f.

11 George Liska: Imperial America. The International Politics of Primacy. Baltimore, Johns Hopkins Press, 1967, S. 24.

12 Liska, op. cit., S. 25.

13 Karl Kaiser: Die europäische Herausforderung und die USA. München, Piper, 1973, S. 200.

14 Ekkehart Krippendorff: Die amerikanische Strategie. Frankfurt, Suhrkamp, 1970, S. 445.

15 Krippendorff, op. cit., S. 457.

16 Samuel P. Huntington: American Politics. The Promise of Disharmony. Cambridge/Mass., Belknap, 1981, S. 36.

17 Jean-Jacques Servan-Schreiber: Le défi américain. Paris, Denoël, 1967, S. 211.

18 Allensbacher Jahrbuch der Demoskopie 1979–1983. Bd. 8, München, Saur, 1983, S. 190; J. Robert Schaetzel: Das Europabild der Amerikaner. In: Karl Kaiser/Hans-Peter Schwarz (Hrsg.): Amerika und Westeuropa. Stuttgart, Belser, 1977, (29–40), S. 32.

19 Paul Hollander: Political Pilgrims. Travels of Western Intellectuals to the Soviet Union, China and Cuba. Oxford UP, 1981.

20 Bernhard Katsch, zitiert in: Kurt Tudyka: Anti-Amerikanismus – was ist das? In: Anton-Andreas Guha/Sven Papcke (Hrsg.): Amerika – der riskante Partner. Königstein, Athenäum, 1984 (117–130), S. 129.

21 Jürgen Habermas. Die Kulturkritik der Neokonservativen in den USA und in der Bundesrepublik. Über eine Bewegung von Intellektuellen in zwei Kulturen, in: Merkur, 1982, Nr. 11 (1047–1061), S. 1061.

22 Jan van Houten: Ideen haben Folgen. Die konservative Bewegung in Amerika, in: Criticon, No 72/73, 1982 (155–160), S. 160; Hans Rühle u. a. (Hrsg.): Der Neo-Konservatismus in den Vereinigten Staaten und

seine Auswirkungen auf die Atlantische Allianz. Melle, Knoth, 1982, S. 10.

23 Jacob Schissler (Hrsg.): Neokonservatismus in den USA. Opladen, Westdeutscher Verlag, 1983, S. 165.

24 Régis Debray: Les Empires contre L'Europe. Paris, Gallimard, 1985, S. 58.

25 Frankfurter Rundschau, 4. 11. 1985; Jürgen Habermas: Die neue Unübersichtlichkeit. Frankfurt, Suhrkamp, 1985, S. 217f.

26 Hermann Lübbe, in: Rühle, op. cit., S. 103.

27 Gebhard Schweigler: Von Kissinger zu Carter. Entspannung im Widerstreit von Innen- und Außenpolitik. 1969–1981. München, Oldenbourg, 1982, S. 491.

28 Max Lerner: America as a Civilization. New York, Simon & Schuster, 1957, S. 935.

29 Chateaubriand: Mémoires d'outretombe. Paris, Flammarion, 1982 (Buch 8, Kap. 10), S. 345; Hans Koepf: Stadtbaukunst. Sigmaringen, Thorbecke, 1985, S. 10.

30 Michel Crozier u. a.: The Crisis of Democracy. New York, UP 1975, S. 114.

31 Ebd., S. 24.

32 Huntington, op. cit., S. 41.

33 Michel Crozier: The Trouble with America. Berkeley, University of California, 1984, S. 75.

34 Robert Gilpin: War and Change in World Politics. Cambridge UP 1981, S. 210ff.

35 Charles Kindleberger: Dominance and Leadership in the International Economy, in: International Studies Quarterly, 1981, S. 242–254.

36 Robert O. Keohane: After Hegemony. Cooperation and Discord in the World Political Economy. Princeton UP, 1984, S. 182ff.

37 Robert O. Keohane/Joseph S. Nye: Power and Interdependence. World Politics in Transition. Boston, Little Brown, 1977, S. 12f., S. 228.

38 Stephan F. Szabo (Hrsg.): The Successor Generation: International Perspectives of Postwar Europeans. London, Butterworths, 1983, S. 70; Alan Platt (Hrsg.): The Atlantic Alliance. Perspectives from the Successor Generation. Santa Monica, Rand Corporation, 1983.

39 Marion Gräfin Dönhoff: Amerikanische Wechselbäder. Stuttgart, DVA, 1983, S. 307; Peter Merseburger: Die unberechenbare Vormacht. Wohin steuern die USA? München, Bertelsmann, 1983, S. 272.

40 Gebhard Schweigler: Grundlagen der außenpolitischen Orientierung der Bundesrepublik Deutschland. Baden-Baden, Nomos, 1985, S. 229.

41 Daniel Frei: Feindbilder und Abrüstung. Die gegenseitige Einschätzung der UdSSR und der USA. München, Beck, 1985, S. 133.

42 Paul Watzlawick: Gebrauchsanweisung für Amerika. München, Piper, 8. Aufl., 1984, S. 160.

Abkürzungsverzeichnis

APSR	American Political Science Review
BJPS	British Journal of Political Science
DÖV	Die Öffentliche Verwaltung
IPSR	International Political Science Review
JÖR	Jahrbuch des öffentlichen Rechts
KZfSS	Kölner Zeitschrift für Soziologie und Sozialpsychologie
PVS	Politische Vierteljahresschrift
Rfdsp	Revue française de science politique
VVDStRL	Veröffentlichungen der Vereinigung Deutscher Staatsrechtslehrer

Herbert von Borch
Amerika – Dekadenz und Größe

1981. 322 Seiten. Ln.

Herbert von Borch, langjähriger Korrespondent führender Zeitungen in Amerika, hat eine weltpolitisch-aktuelle sowie soziologisch-hintergründige Analyse der westlichen Führungsmacht geschrieben.

Herbert von Borch
John F. Kennedy

Amerikas unerfüllte Hoffnung
1986. 169 Seiten mit 8 Abbildungen. Piper Porträt 5203

John F. Kennedy ist schon zu seinen Lebzeiten zur Legende geworden. Kein amerikanischer Präsident hat so sehr den Begriff des Charismas auf sich gezogen, niemand nach ihm hat seinen Entwurf einer »neuen Gesellschaft« aufzunehmen gewagt. Im nachhinein erscheint daher Kennedy als Symbolfigur eines anderen Amerikas, das nicht auf Konfrontation, vielmehr auf Ausgleich setzte.

Raymond Cartier
50mal Amerika

16. Aufl., 139. Tsd. 1985.
519 Seiten mit 31 Fotos. Serie Piper 5101

Das Standardwerk über die Vereinigten Staaten: die USA als Landschaft und Schmelztiegel der Rassen, als Kraftfeld von Politik, Wirtschaft und Finanz, als Großmacht und Vorkämpfer der westlichen Freiheit. Ein Buch, das auf alle Probleme des modernen Amerika eingeht – geschrieben von dem weltbekannten Reporter und ehemaligen Chefredakteur des »Paris Match« Raymond Cartier.

Paul Watzlawick
Gebrauchsanweisung für Amerika

Ein respektloses Reisebrevier
9. Aufl., 67. Tsd. 1986.
157 Seiten mit 8 Zeichnungen. Kt.

»Eine äußerst gelungene Mischung aus Sach- und Lachbuch über das Phänomen Amerika«: so urteilte die Presse über diese erfolgreiche und beliebte Gebrauchsanweisung von Paul Watzlawick, Professor in Amerika und Pendler zwischen der Alten und Neuen Welt.

Piper

Pipers Handbuch der politischen Ideen

Herausgegeben von Iring Fetscher und Herfried Münkler

Bereits erschienen:

Band 3

Neuzeit: Von den Konfessionskriegen bis zur Aufklärung

1985. 670 Seiten. Leinen

Band 4

Neuzeit: Von der Französischen Revolution bis zum europäischen Nationalismus

1986. Ca. 550 Seiten. Leinen

In Vorbereitung:

Band 1

Frühe Hochkulturen und europäische Antike

Band 2

Mittelalter: Von den Anfängen des Islams bis zur Reformation

Band 5

Neuzeit: Vom Zeitalter des Imperialismus bis zu den neuen sozialen Bewegungen

»Pipers Handbuch der Politischen Ideen« bietet in 5 Bänden einen umfassenden Überblick über die Geschichte politischen Denkens von den frühen Hochkulturen bis zu den neuen sozialen Bewegungen unserer Zeit. In der Darstellung des Wechselspiels von Denken und Gesellschaft entsteht zugleich ein lebendiges Bild der Zeiten. Ein unentbehrliches Werk für Forschung und Lehre, aber auch für alle politisch, historisch und philosophisch Interessierten.

Piper